MIEKE MOSMULLER

VRIENDSCHAP

OCCIDENT • BAARLE NASSAU

Band MM 65

Uitgeverij Occident
Geerstraat 1
5111 PS Baarle Nassau
Nederland

Telefoon: +31 (0)13 - 507 99 48
E-mail: info@uitgeverij-occident.nl
Internet: www.uitgeverij-occident.nl

Omslagontwerp: Occident Media B.V.
Omslagafbeelding: Ruth Kaspers-Mosmuller

ISBN/EAN: 9789075240726
NUR: 735

INHOUD

EERSTE DEEL

VRIENDSCHAP DOOR AANTREKKINGS-KRACHT

VRIEND

'Je hebt iemand nodig
stil en oprecht
die als het erop aan komt
voor je bidt en voor je vecht.
Pas als je iemand hebt
die met je lacht en met je grient
dan pas kun je zeggen:
Ik heb een vriend.

Als je iemand hebt
die alles met je deelt
de tafel en het bed
één die nooit verveelt,
als je iemand hebt
die al je zorgen heelt,
weet je wat dat zeggen wil
weet je wat dat scheelt?

Je hebt iemand nodig
stil en oprecht
die als het erop aan komt
voor je bidt en voor je vecht.
Pas als je iemand hebt
die met je lacht en grient,
dan pas kun je zeggen:
Ik heb een vriend.

Pas als je iemand hebt
die met je lacht en grient,
dan pas mag je zeggen:
Ik heb een vriend.'

Toon Hermans

Dit gedichtje van Toon Hermans heeft misschien wel miljoenen mensen aangesproken vanwege de innigheid met een knipoog. In zo'n gedichtje kan misschien meer gezegd worden dan in een heel boek over vriendschap, en toch meen ik dat vriendschap iets is wat veel verder reikt dan wat in dit gedichtje als een noodzakelijke zijde van vriendschap wordt geschilderd. Ik wil proberen om vriendschap zo in het bewustzijn te brengen, dat het voor de lezer die meedoet mogelijk wordt het eigen leven op vriendschap te doorvorsen en de vaardigheid om vriendschap te sluiten te vergroten.

Aristoteles heeft in zijn *Ethica Nicomachea* al een uitvoerige uiteenzetting over vriendschap en de verschillende vormen daarvan gegeven. Het is een stuk tekst dat goed te lezen is en waar je al lezende al heel veel inzicht in vriendschap aan kunt opdoen. Maar we leven ruim 2000 jaar later en we zijn in een heel andere innerlijke toestand gekomen. We leven in een totaal veranderde omgeving en het is goed om een bezinning te doen op die misschien wel mooiste kwaliteit die de mens heeft, namelijk een vriend te zijn en een vriend te hebben.

Het begint al op school. Laten we eens terugkijken naar onze kleuterschooltijd en eens zien of daar al vriendjes en vriendinnetjes waren. Weet ik dat nog? En als dat zo is, hoe kwam dat tot stand? Kan ik het me nog herinneren? Wanneer je je zoiets probeert te herinneren, weet je in eerste instantie vaak niets meer. Maar als je er dan langer bij stil staat, ontstaat een beeld van die tijd waarin steeds meer herinnerd kan worden. Dan zal hoogstwaarschijnlijk in elk mensenleven wel een aanknopingspunt voor vriendschap tussen kleutertjes gevonden worden. Je woont samen in een straat of je gaat samen naar school; je zit samen in een klas, je komt op een verjaardagspartijtje, je nodigt kinderen uit op jouw verjaardagspartijtje... Zo klein als je bent, heb je al voorkeur. Misschien wordt die voorkeur medebepaald door wat gebruikelijk is, welke kinderen altijd worden gevraagd. Maar als je goed gaat peilen in je herinnering dan vind je heus bepaalde sympathieën die je gehad hebt voor bepaalde kinderen of misschien maar voor één. Wanneer je dan steeds verder komt op de lagere school, dan wordt dat al wat bewuster gehanteerd. Dan treden heel sterke sympathieën en antipathieën op.

Als je terugdenkt aan je schooltijd en je denkt terug aan de kinderen met wie je het liefste speelde, dan kun je je voorzichtig eens afvragen hoe het kwam dat je het liefst met dat meisje of met dat jongetje speelde; hoe het kwam dat je een verlangen had om juist dat kind bij je thuis te vragen of dat je de hoop had dat je bij juist dat kind werd uitgenodigd om te gaan spelen, dat je mocht blijven eten of misschien zelfs blijven logeren? Probeer die herinneringen eens op te halen en je dan vooral te richten op wat dat nu eigenlijk precies was waardoor je juist met dat kind zo graag wilde omgaan.

Misschien ben je nu in je dertiger jaren of ben je al 60 of 70 en is dat kind nog altijd je beste vriend of vriendin. Dat komt voor. Meestal is dat niet het geval en zijn het voorbijgaande vriendschappen die verloren raken in de voortgang van het leven. Hoe het ook zij, laten we ons daar eens in verdiepen: wat was het waardoor ik juist met dat kind vriendschap zocht? Ik had nog helemaal geen definitie van vriendschap, ik hoef die nu ook nog niet te hebben, maar ik wilde een stukje van mijn leven juist met dat kind delen en ik kon daarnaar verlangen. Niet zoals een verliefde puber naar een vriendje of een vriendinnetje verlangt, maar zoals een lagereschoolkind verlangen kan naar vriendschap met een ander kind.

Vaak waren het puur uiterlijke kenmerken: de kleding, of

de oorbellen, of het staartje, of de schoenen. Was er ook al een bepaalde neiging naar een bepaald karakter? Later misschien. Als schoolkind ben je toch vooral gericht op de uiterlijke kenmerken. Hoe komt een vriendinnetje op school, wordt ze gebracht, loopt ze van huis naar school, komt ze met de auto of met de bus? Wat voor ouders en broertjes en zusjes heeft ze? Ze aten altijd vers witbrood met roomboter en hagelslag bij de lunch...

Hoe was het met haar andere vriendjes en vriendinnetjes in de klas? Was er sprake van jaloezie? Wilde je haar of hem helemaal voor jezelf hebben? Wat zegt dit alles over vriendschap?

OEFENING: Herinneren van en verdiepen in de vriendschappen in de kleutertijd en de lagere school.

Aan de andere kant van het heelal, tegenover Toon Hermans en er toch mee in samenklank, staat het gedicht van Friedrich Schiller over de Vreugde. Daarin wordt ook de vriendschap aangeraakt.

'Oh vrienden, niet deze toonaarden!
Maar laat ons aangenamere aanwenden
En vreugdevollere.
Vreugde! Vreugde!

Vreugde, prachtige, goddelijke vonk,
Dochter van het Elysium,
Wij betreden, dronken van passie,
Hemelse, jouw heiligdom!
Jouw magie herenigt
Wat men scheidde;
Alle mensen worden broeders,
Waar jouw zachte vleugel zich welft.

Wie het grote genoegen te beurt valt
Een vriend van een vriend te zijn;
Wie een lieve vrouw de zijne kan noemen,
Laat zijne gelukzaligheid horen.
Ja, wie ook maar een ziel
De zijne kan noemen!
En wie dat nooit gekund heeft,
Die trekke zich al wenende terug uit dit gezelschap!

Vreugde drinken alle wezens
Aan de bronnen van de natuur;
Alle goeden, alle slechten
Volgen haar rozenspoor.
Zij gaf ons kussen en wijn,
Een vriend, tot de dood trouw.
Wellust is zelfs de worm gegeven,
En de Cherubijn staat voor God.

Gelukkig, zoals zijn gesternte vliegt
Door de prachtige hemelen heen.
Ren, broeders, jullie baan,
Vreugdevol, zoals een held in overwinning.

Wees omarmd, miljoenen!
Deze kus, die de hele wereld omvat!
Broeders, achter de met sterren bezaaide hemel
Moet een lieve Vader wonen.
Werpen jullie zich op knieën, miljoenen?
Voelen jullie de Schepper, wereld?
Zoek hem boven de sterren!
Boven de sterren moet Hij wonen.

Wees omarmd, miljoenen!
Deze kus, die de hele wereld omvat!

Broeders, achter de met sterren bezaaide hemel
Moet een lieve Vader wonen.
Wees omarmd, miljoenen!
Deze kus, die de hele wereld omvat!
Vreugde, prachtige, goddelijke vonk,
Dochter van het Elysium,
Vreugde, prachtige, goddelijke vonk.'

Ode an die Freude, Friedrich Schiller

Laten wij ons onze vriendschappen uit de adolescentie, uit de puberteit herinneren. Ik geloof dat op die leeftijd heel zuivere vriendschappen worden gesloten, terwijl aan de andere kant het ontluikende begeerteleven dat ook weer doorkruist.

Aristoteles onderscheidt drie soorten vriendschap. De vriendschap die berust op het nut van de vriendschap - dat hoeft helemaal niet te betekenen dat je echt diepe sympathie voor elkaar hebt, maar je hebt wat aan elkaar. Dan vriendschap op basis van begeerte, daaronder vallen natuurlijk de erotiek en de seksualiteit, maar niet uitsluitend. Je kunt natuurlijk ook iemand begeren omdat hij rijk is bijvoorbeeld, of omdat die jou het gevoel geeft dat je de moeite waard bent. Er is een heel palet aan mogelijkheden van vriendschap op basis van begeerten. Op zich horen die vriendschappen ook thuis in de periode van de beginnende geslachtsrijpheid. De derde vorm van vriendschap is de mooiste. Die vriendschap ontstaat, wanneer je als vrienden een gezamenlijk ideaal hebt, een streven naar deugd, naar het goede, een gelijkgestemde goede wil. Deze vorm van vriendschap zou juist in de puberteit een hoofdrol kunnen spelen. Het is immers de tijd waarin idealen bewust worden en er nog een diepe overtuiging bestaat dat waarheid een echte mogelijkheid is. Wanneer jonge mensen, opgroeiend in de 21^{e} eeuw, elkaar zouden ontmoeten op grond van waarheid, schoonheid en goedheid, dan zouden er zuivere vriendschappen voor het leven kunnen ontstaan.

Maar in de 21^{e} eeuw is er veel afleiding. Er is ook een trend van hopeloosheid, van machteloosheid onder de jongeren. Er wordt veel afleiding gezocht en ik hoef dat niet allemaal neer te schrijven, maar ik denk als eerste aan games die je met vrienden kunt doen en aan het gaan naar party's met gebruik van drugs, wat je ook met vrienden kunt doen. Je noemt die mensen vrienden, maar de vraag is of dat woord daarop wel van toepassing is.

Wanneer je inmiddels wat ouder bent, dan kijk je terug naar een tijd waarin het gebruik van games nog niet bestond, maar waarin het gebruik van drugs begon op te komen. Het is een bijzondere bezigheid om je herinneringen op die periode te richten en te proberen je te herinneren wat voor emoties je bij welke leeftijdsgenoten hebt gehad en met wie je uiteindelijk veel bent omgegaan, zo dat je kon zeggen: Dit is mijn vriend, dit is mijn vriendin. Niet de vriendin in de zin van een liefdesrelatie, maar de vriendin of de vriend in de zin van vriendschap.

Wanneer je je richt op de emoties, dan zul je gewaarworden dat vriendschap in de adolescentie een heel ander gebeuren is dan vriendschap op de lagere school. Natuurlijk wordt daar ook van verliefdheid gesproken en van begeerte, maar wanneer je dieper peilt naar de emoties, dan zul je je herinneren dat die heel anders waren dan in de periode van de puberteit. Daar spelen de begeerten een veel grotere rol, het nut misschien heel af en toe. Het kan bijvoorbeeld voorkomen dat je vriendschap sluit met iemand die je kan helpen om betere schoolresultaten te halen, of die je helpt om op het gebied van de sport meer te presteren.

Maar meestal ligt het ontstaan van vriendschap in de puberteit toch in de ontmoeting zelf. Terwijl je op de lagere school de vriendschap mogelijk meer sloot op grond van een zekere verering voor het vriendje of vriendinnetje, is het hier veel meer plezier wat je met elkaar hebt. Vriendschappen kunnen levenslang blijven bestaan, kunnen ook uitmonden in een huwelijksrelatie, kunnen ook vergeten worden. Maar laten we ons proberen te herinneren wie dat in onze tijd geweest zijn en wat onze emoties daarbij waren. Het is natuurlijk heel verschillend hoe mensen met elkaar omgaan en wat ze verwachten. Dat is ook in de puberteit al zo. Er zijn kinderen die dan al graag gesprekken met elkaar voeren; anderen gaan liever samen iets doen; weer anderen willen het liefst samen gaan feesten... Er speelt een bepaalde aantrekkingskracht een rol die berust op gelijke gestemdheid, maar het is goed om je eens af te vragen: Is dat nu wat ik versta onder vriendschap? Ik heb geen definitie van vriendschap, maar ik heb een gevoelsbepaling van wat vriendschap is. Kun je in de puberteit al spreken van echte vriendschap en wat als die vriendschap als het ware omslaat in een liefdesrelatie? Of wanneer de liefdesrelatie eigenlijk vriendschap blijkt te zijn? Dat zijn vragen die van belang zijn om te stellen wanneer je het fenomeen vriendschap beter wil leren kennen, van waaruit je de hoop mag hebben ook een betere vriend of vriendin te zullen worden. De verschillende vormen van vriendschap kunnen ook in elkaar overgaan. Het kan heel goed zijn dat je aanvankelijk een vriendschap aanneemt vanuit het nut ervan, namelijk dat je in een grote klas met leerlingen niet helemaal alleen bent. Later kan blijken dat je met elkaar een verbinding hebt die als het ware vanuit de eeuwigheid lijkt te komen, dat je elkaar begrijpt, dat je van dezelfde dingen kunt genieten - ook al ben je misschien zo verschillend als noord en zuid.

Zo kan natuurlijk ook in een vriendschap die berust op begeerte, bijvoorbeeld begeerte om dat meisje als vriendinnetje te hebben omdat ze zo mooi en zo leuk is, in zo'n liefdesrelatie dan een bestendigheid ontstaan die de stormen van de jaren doorstaat.

Vaak gaan jeugdvriendschappen ook weer voorbij, ze waren nuttig, ze berustten op begeerte of er was misschien zelfs een zekere eensgezindheid met betrekking tot de waarheid... Maar wanneer de vrienden en vriendinnen elkaar uit het oog verliezen, wordt er geen behoefte gevoeld om contact met elkaar te zoeken.

OEFENING: Herinneren en verdiepen van vriendschappen in de puberteit.

Wat is nu eigenlijk vriendschap? Toon Hermans heeft een poging gedaan dat in een versje tot uitdrukking te brengen. Het volgende gedicht van Novalis laat ons een gerijpte visie op vriendschap zien, die tot in hogere sferen reikt en die alle drie de vormen van vriendschap omvat, uiteindelijk dat verwerkelijking vindend in de hogere oorsprong van het *ik en jij*.

'Wat past, moet zich ronden,
Wat elkaar begrijpt, moet elkaar vinden,
Wat goed is, zich verbinden,
Wat liefheeft, samenzijn.
Wat hindert, moet wijken,
Wat krom is, moet je recht strijken,
Wat ver weg is, moet elkaar bereiken,
Wat ontkiemt, moet gedijen.

Geef me getrouw je handen,
Wees voor mij een broeder en wend
Je blik niet weg van mij
Voor jouw einde.
Een tempel - waar we knielen -
Een plaats - waar we heen willen -
Een geluk - waar we voor gloeien -
Een hemel - voor jou en mij.'

Friedrich von Hardenberg (Novalis), 1772-1801

GOETHE EN SCHILLER

Vermoedelijk weet iedere volwassen mens wat vriendschap is. Dat er ook gebruikgemaakt wordt van dat woord voor relaties die iets heel anders zijn dan vriendschap, dat betekent niet dat niet iedereen weet wat ware vriendschap is. Daarom spreken zulke gedichten ook zo aan, omdat ze een snaar doen klinken die zo vertrouwd is en zo waar dat je zegt: Ja zo is het! Maar wanneer je jezelf dan vraagt om bijvoorbeeld op te schrijven wat je onder vriendschap verstaat, dan wordt het heel moeilijk.

Er zijn mensen die heel veel vrienden hebben, anderen hebben er maar een paar, soms heeft iemand er maar één. Wanneer je veel vrienden hebt, wil dat niet zeggen dat je dan een talent voor vriendschap hebt. Het kan heel goed zijn dat de relatie met die vrienden niet op een echte vriendschap berust, maar op bijverschijnselen van de vriendschap, terwijl de echte vriendschap niet aanwezig is. Misschien is die mens met maar één vriend beter in staat tot vriendschap dan die met zovele vrienden. Dat mag er natuurlijk niet toe leiden dat je zegt: Iemand met veel vrienden kent de vriendschap niet, of iemand met één vriend kent de vriendschap wel. We kennen immers een dictator uit de vorige eeuw die in zijn jeugd één vriend had... je mag je dan afvragen wat voor relatie dat geweest is...

Wat is vriendschap?

We weten het allemaal en we kunnen het geen van allen zeggen, ik ook niet. We kunnen alleen proberen om door bewustwording van de relatie die je hebt met bepaalde mensen waarvan je weet: dat is vriendschap!, er toe te komen de gevoelsbetekenis van vriendschap in het bewustzijn te brengen. Wanneer beleef je iemand als een vriend of een vriendin? Het kan zijn dat je met iemand met wie je goed bekend bent op vakantie gaat, beiden vanuit de wens om niet alleen op vakantie te hoeven gaan. Twee vrouwen gaan samen op vakantie omdat ze niemand anders hebben. Het dagelijkse leven wordt dan heel intiem. Je krijgt te maken met het gewone leven van die persoon van wie je misschien dacht: dat is mijn vriendin. Je krijgt te maken met het alledaagse gedrag van die persoon en misschien kom je erachter dat je helemaal geen vriendschap voelt voor die persoon die je voor de vakantie je vriendin noemde. *Als je iemand wil leren kennen moet je er mee op vakantie gaan.* Je kunt natuurlijk elkaar ook op een andere manier leren kennen, maar hier schijnt wel een wijsheid in te liggen.

Wanneer je echte vrienden bent dan stoort het gewone leven je niet, dan stoort het alledaagse reageren je niet, dan is het alsof alles wat die ander aan eigenschappen heeft harmonisch resoneert met jouw eigen gewoonteleven en reacties. Je merkt dat die ander ook geen aanstoot aan jou neemt. Dat lijkt me een basis die noodzakelijk is voor vriendschap. Ik geloof dat de uiterlijke verschijning er niet toe doet, of iemand mooi of lelijk is, dat maakt bij vriendschap niet uit. Natuurlijk kun je het prettig vinden wanneer je met een vriend op stap gaat die er goed uitziet, maar voor de vriendschap op zich heeft dat geen belang. Vriendschap kan beginnen bij een vertrouwdheid in het alledaagse. Wanneer je met je medemens niet vertrouwd kunt zijn in het leven van alledag heeft een vriendschap weinig kans en het is al direct duidelijk dat dit gewoonteleven van alledag maakt dat vriendschap niet af te dwingen is.

Je kunt menen dat je met die en die beslist bevriend moet zijn, maar als het gewoonteleven je afstoot, de manier waarop iemand in het alledaagse leven met dingen omgaat, dan wordt een vriendschap heel moeilijk. Hoewel echte vriendschap ertoe leidt dat je veel samen wilt zijn, hoeft dat niet te betekenen dat je moet trouwen of samenwonen. Ik spreek hier niet over de liefdesrelatie, maar over de vriendschap. Maar wanneer vriendschap betekent dat je graag samen bent, dan moet dat samenzijn ook werkelijk genoten kunnen worden. Wanneer er voortdurend ergernis bestaat aan de kleinigheden van het alledaagse bestaan, dan is het fundament voor de vriendschap niet mogelijk.

Wanneer je helemaal aan de andere kant kijkt, vanuit het hoge geestelijke ideaal van vriendschap, kun je zeggen: Wanneer je van daaruit de vriendschap sluit, dan daalt die kracht af naar het emotionele leven en tenslotte ook naar het gewoonteleven, waardoor ook wanneer het gewoonteleven niet aangenaam is, je daar toch overheen kunt stappen en de vriendschap kunt verzorgen – al zul je het samen willen zijn dan wel wat minder hebben. Je kunt je voorstellen dat je in het bereik van de idealen in het leven, van de wetenschap, van de kunst, eensgezind bent, maar dat je in het alledaagse een levensstijl hebt die totaal van elkaar verschillend is. Dan kun je je vriendschap verzorgen door samen te gaan eten of door een concert te bezoeken of door een goed gesprek te voeren - maar je zult dan niet samen op vakantie gaan. De vraag is of er dan wel sprake van vriendschap kan zijn. Vriendschap reikt vanuit de sympathie voor iemand tot in de diepste neigingen en de hoogste wijsheid. Daarom worden echte vriendschappen gesloten of voortgezet wanneer je volwassen bent, wanneer je de beschikking hebt over een groeiend bewustzijn van wijsheid, schoonheid en kracht. In die gebieden wordt elke vriendschap actueel. Het is iets heel bijzonders wanneer twee mensen vriendschap sluiten.

Het klassieke voorbeeld is de vriendschap tussen Goethe en Schiller. Ik heb die al vele malen naar voren gehaald omdat het een vriendschap was tussen twee mensen die niet zonder meer een neiging naar elkaar hadden. Goehe was een grote geest, beroemd. Schiller was meer een revolutionaire geest en misschien eerder berucht. Goethe hield niet van dat revolutionaire en vond Schiller ook te abstract. Deze leed daaronder, maar ze kenden elkaar en meden elkaar. Ze kwamen elkaar dan toch een keer tegen bij een voordracht en waren samen ontevreden over wat degene die de lezing gaf naar voren had gebracht. Daarover raakten ze na de voordracht in gesprek en Goethe liep mee naar het huis van Schiller, die hem vroeg om binnen te komen. Zo werd door de wijsheid die in hen beiden levend was de kloof overbrugd. Ze vergaten de tegenstellingen die er waren, totdat het gesprek kwam op het verschil tussen idee en werkelijkheid. Schiller was een aanhanger van Kant en koesterde de gedachte dat de werkelijkheid een niet te kennen 'Ding an sich' is. Goethe daarentegen zag in de werkelijkheid de idee. Dat kwam ter sprake en even kwam de oude irritatie bij Goethe weer op toen Schiller over de tekening van de oerplant van Goethe zei: 'Ja, maar dat is toch maar een idee?' Maar hij overwon dat en zei: 'Dan ben ik blij dat ik de ideeën met ogen kan zien.' Zo vonden ze elkaar en ze vonden elkaar in het besef dat de opvoeding van de mens in hun tijd te kort schoot en dat zij beiden wisten wat er precies tekortschoot. Dat bracht hen samen en was de basis voor de schoonste vriendschap. Maar dat was geen vriendschap waarbij ze samen op vakantie gingen of het in alle lagen van het leven met elkaar eens waren. Het was de hoogste vorm van vriendschap die uiteindelijk doorsijpelde naar de lagen waar de oorspronkelijke irritatie had geleefd.

Wanneer je Goethes beschrijving leest van de schedel van Schiller - Schiller stierf voor Goethe - dan lees je in die beschrijving de onbegrensde liefde voor die mens die die schedel had. Dat is vriendschap.

'In het ernstige knekelhuis was ik, waar ik aanschouwde
Hoe schedels ordelijk op elkaar pasten;
Ik dacht aan de oude tijd, vergrijsd en oud.
Ze staan in rijen, die elkaar anders haatten,
En stevige botten, die dodelijk sloegen,
Liggen hier kruislings, nu tam om te rusten.
Uitgerukte schouderbladen! Wat ze droegen,
Vraagt niemand meer, en sierlijke ledematen,
De hand, de voet, verspreid uit de levensvoegen.
Jullie vermoeiden lagen dus tevergeefs neer,
Geen rust in het graf werd jullie gegund, verdreven
Zijn jullie omhoog naar het heldere daglicht weer,
En niemand kan de dorre schaal liefhebben,
Hoe nobel edele kern ze ook bewaarde.
Maar aan mij adept was het geschrift gegeven,
Dat de heilige betekenis niet aan iedereen openbaarde,
Toen ik te midden van zoveel stijve massa
Ongelooflijk prachtig een beeld ontwaarde,
Dat in de vergane koude van de ruimte
Me vrij en warmvoelend verfriste,
Alsof een levensbron ontsprong aan de dood,
Hoe mysterieus de vorm me betoverde!
Het door God bedachte spoor, dat behouden blijft!
Een blik die me wegvoerde naar die zee,
Die stromend verhoogde vormen laat vloeien.
Geheim vat! Orakelspreuken schenkend,
Hoe ben ik het waard, jou in handen te hebben?
Jou, hoogste schat, vroom onttrokken aan het verval
En in de vrije lucht, tot vrij overdenken,
tot het zonlicht in aanbidding me wendend.
Wat kan de mens in het leven meer winnen,

Dan dat God-Natuur zich aan hem openbaart?
Hoe zij het vaste laat vervloeien in geest,
Hoe zij het door de geest voortgebrachte vast bewaart.'[1]

Bij het beschouwen van Schillers schedel, Johann Wolfgang von Goethe (1749 – 1832)

---

[1] Natuurlijk ken ik het DNA-onderzoek uit 2008 waaruit moet blijken dat dit niet Schillers schedel was. Het zegt mij niets en ontkracht niet het vriendschapsverdrag van Goethe.

MARTIN BUBER

Om aan het eind van het boek beter te weten wat vriendschap is dan aan het begin, maak ik een omzwerving door de vele ideeën met betrekking tot vriendschap. De filosofie van Martin Buber heeft mij altijd zeer geboeid. Hij stelt in het begin van de 20e eeuw de vraag naar de mens en met die vraag komt ook de vraag naar de ontmoeting.

In een krantenartikel, een interview met Martin Buber, heb ik gelezen dat hij de ontmoeting niet als vanzelfsprekend makkelijk ervaren heeft. Misschien juist daarom heeft de filosofie van het *ik en jij* zo'n diepte, omdat het geen vanzelfsprekendheid is. Hij ontwikkelt de idee van de drieheid *ik, jij* en *het*. De betrekking tussen die drie maakt uit wat de kwaliteit van de ontmoeting is.

Het grote ideaal van de mens ziet hij in het *ik en jij*. Dat kan het beste geleerd worden in de ontmoeting met de medemens die ook een ik is, maar die voor het ik van de ander een jij is. Het meest verschrikkelijke in de drieheid is het als de mens tot een *het* gemaakt wordt, als de mens, de medemens niet wordt beschouwd en behandeld als een gelijkwaardig ik, dat jij geworden is omdat het een ander is, maar als *ding*, als *het*. Dan is het dieptepunt van de ontmoetingsmogelijkheden bereikt.

Ideaal daartegenover is dat niet alleen de medemens een jij voor de mens wordt, maar dat ook *de hele wereld als jij beleefd wordt*. Zou je dit standpunt verhogen met behulp van de mystiek, dan zou je jezelf buiten jezelf kunnen opstellen, waardoor je eigen ik wordt tot een jij dat behoort tot het rijk van alle anderen die ook jij zijn. Dan is het egoïsme overwonnen. Of Martin Buber zo ver gegaan is? Ik denk het niet. Het is duidelijk in zijn boek over *ik en jij* dat hij in de ontmoeting de mogelijkheid ziet dat je in de ander, die een jij is, een gelijkwaardige ziet voor jouw eigen ik en dat ik en jij op dat moment met elkaar verenigd raken, samensmelten, vervloeien tot een wij.

Er zijn prachtige stukjes tekst in dit boek te vinden dat een onderdeel vormt van het boek *Het dialogische principe*. Het is een filosofie van de dialoog, van het gesprek zou je kunnen zeggen, maar dan het gesprek waarin ook gezwegen kan worden. Zo wordt een situatie geschilderd waarin twee mensen die elkaar niet kennen samen op een bank zitten in de eenzaamheid van de natuur. Eerst zijn het twee op zichzelf staande mensen, ze spreken ook niet met elkaar. Maar plotseling begint het jij van de ander een werkelijkheid te worden en verweeft zich met het ik van de een. Dan is de scheiding tussen *ik en jij* opgeheven.

'En nu stellen we ons voor dat dit een van de uren is dat erin slaagt de zeven ijzeren banden rond ons hart te verbreken – de betovering wordt plotseling opgeheven. Maar zelfs nu zegt de man geen woord, beweegt geen vinger. Toch doet hij iets. De oplossing gebeurde aan hem zonder dat hij iets deed, ongeacht waar vandaan; Maar nu doet hij dit door in zichzelf een terughouding weg te nemen waarover alleen hijzelf macht heeft. De mededeling vloeit zonder terughouding uit hem voort, en de stilte brengt deze naar zijn buurman, voor wie deze bedoeld was en die, zoals elk werkelijk lot dat hem overkomt, deze zonder voorbehoud aanvaardt. Hij zal aan niemand, zelfs zichzelf niet, kunnen vertellen wat hij heeft beleefd. Wat 'weet' hij over de ander? Er is geen behoefte meer aan weten. Want waar er een vrij worden van de terughoudendheid tussen mensen is geweest, zelfs zonder woorden, is het dialogische woord sacramenteel gebeurd.'

Martin Buber (1878 – 1965), *Zwiesprache*

Dit zou je met alle mensen kunnen hebben, dat is dan geen vriendschap met iedereen, maar dat is een bepaalde innerlijke wil die dan in elke ontmoeting de overhand heeft, waardoor de ontmoeting tot een mystiek gebeuren wordt dat eeuwigheidswaarde heeft. In een echte vriendschap mag je verwachten dat dit vanzelf gebeurt, dat dit het kenmerk van de vriendschap is, dat wanneer je met elkaar samen bent, je niet dat ene ik en dat andere ik blijft, maar dat je *ik en jij* wordt in de wisselwerking, waardoor alle opzichzelfstaande egoïteit in een jij begint te stromen.

De vraag is: Kun je dat ook in de hand krijgen, of is dat iets wat door het lot bepaald is, met de ene mens wel, met de andere mens niet?

Wanneer je, zoals ik, een beroep hebt gehad waarin je veel met mensen gewerkt hebt, wanneer je spreekuur gedaan hebt waarin je talloze mensen voor een contact over hun gezondheid hebt ontmoet, dan ken je het verschil heel goed. Je kunt dat volkomen zakelijk benaderen, dan is die andere een geval, een *het*. Je kunt je ook verplaatsen in het jij van de ander. De meeste mensen zijn daar gevoelig voor, een enkeling weert zich met alle kracht hiertegen – en die moet je dan meestal ook maar een het laten zijn, want die wil dat zo.

De meeste mensen willen dat helemaal niet, die willen ook met een dokter, juist met een dokter, een echte ontmoeting hebben, zodat ze, wanneer ze weer naar huis gaan, naar huis gaan met de overtuiging: Ik ben gezien en gehoord en begrepen. Dat is een vorm van vriendschap die ook in het beroepsleven kan ontstaan, ook als je elkaar misschien maar één keer hebt gezien.

Wanneer je een arts bent die zelf een het wil blijven, dan zul je met al je patiënten een het-verhouding hebben. Tenzij er misschien een heel enkele keer een *ik en jij kunstenaar* komt onder je patiënten die het voor elkaar brengt om het

het om te vormen in een *jij*. Misschien voel je dan voor het eerst wat het menselijke leven eigenlijk is en ben je daarna bekeerd. Dat kan andersom ook gebeuren. Je kunt een patiënt hebben die verstopt is in zijn 'het-behoefte', maar die toch in een onbewaakt moment zich even gevoeld heeft als een *jij*. In dat onbewaakte moment treedt de ware menselijkheid binnen en geen mens heeft daar geen behoefte aan. De het-verstoktheid berust meestal op eenzaamheid en angst. Je kunt iemand nooit forceren om van een *het* een *jij* te worden, maar soms gebeurt er een wonder. Misschien zijn dat de meest geneeskrachtige momenten in het leven van een arts.

OEFENING: verdiepen van het IK EN JIJ.

Het is de vriendschap zoals die zo prachtig beschreven wordt door Martin Buber, bijvoorbeeld in het volgende citaat:

'Alleen het wezen wiens anders-zijn, door mijn wezen aanvaard, volledig existentieel dicht bij mij leeft, draagt de straling van eeuwigheid naar mij. Alleen wanneer twee mensen tegen elkaar zeggen met alles wat ze zijn: "Jij bent het!" is de inwoning van het Zijn tussen hen.'

Martin Buber (1878 – 1965), *Das dialogische Prinzip*

HET RAADSEL

We hebben onze vriendschappen uit de kleutertijd, schooltijd en uit de puberteit bekeken. Laten we nu onszelf eens afvragen, vanuit de volwassenheid kijkend: Wie is nu mijn werkelijke vriend of vriendin? Met wie heb ik echte vriendschap?

OEFENING; Wie is mijn beste vriend(in)?

Je kunt de kenmerken van die vriendschap in je bewustzijn brengen. Het beste is om ze dan vervolgens op te schrijven en niet te gauw tevreden te zijn. Wat maakt dat ik die persoon beleef als mijn beste vriend of vriendin? Wanneer je dat zo doet kom je al een heel stuk dichter in de buurt van het besef wat vriendschap is.

Welke kenmerken zullen de meeste mensen vinden wanneer ze zich bezinnen op het wezen van de vriendschap die ze hebben met hun beste vriend of vriendin? Het belangrijkste in de vriendschap is waarschijnlijk de trouw. Die is veelbetekenend, want het gaat er niet alleen om dat je vrienden blijft als je het eenmaal bent, maar het gaat er ook om *hoe* je als vrienden aan elkaar trouw bent. Ik zou willen zeggen dat de kern van de beste vriendschap de absolute overtuiging is dat de ander volledig te vertrouwen is, dat er tussen jullie niets kan komen wat dat vertrouwen beschaamt. Het gaat natuurlijk niet alleen om uiterlijke gebeurtenissen, het gaat vooral om de innerlijke trouw. Wanneer je roddels hoort over je vriend of je vriendin raak je niet aan het wankelen, je gaat niet twijfelen, maar je neemt het met alle kracht voor hem of haar op, omdat je volledig overtuigd bent van de goede wil van die ander die je door dik en dun zult verdedigen. Vriendschap breekt wanneer deze trouw wordt verbroken. Natuurlijk kun je dan daarna nog met elkaar omgaan, maar er is iets geknakt, het zal veel moeite kosten om dat te repareren. Dat geldt niet alleen voor omstandigheden die met andere mensen te maken hebben, dat geldt ook tussen jullie twee. Trouw betekent dat je niet twijfelt, dat je het respect, de achting die je voor de ander hebt koestert, ook wanneer jullie onenigheid hebben - en dat is onder mensen natuurlijk onvermijdelijk. Je kunt ook niet verwachten dat er geen ergernis optreedt, dat er nooit een vouwtje komt in een gladgestreken doek. Je gaat met elkaar om, je bent met elkaar vertrouwd, je bent niet volmaakt, je kunt dus niet verwachten dat je je altijd volmaakt gedraagt. Zou de ander dat van jou verwachten, dan was het geen vriend. Vriendschap betekent dat de zwakten van de ander geen rol spelen, dat je die beleeft als behorend tot een totaal van de persoonlijkheid, voor wie je vriendschapstrouw voelt en dat verwacht je van de ander ook. Ik denk dat dat het belangrijkste is, dat je onder woorden kunt brengen. Want wanneer je je zo verdiept in het wezen van echte vriendschap met iemand, dan stuit je vroeg of laat op een raadsel. Dat raadsel is dat wanneer je alles van jouw vriendschap met elkaar in kaart hebt gebracht, er iets overblijft wat onuitsprekelijk is en waarvan je beleeft: eigenlijk is dat waar het in deze vriendschap om gaat. Al het overige, ook de trouw, is een ode aan dat raadsel. Zo worden we weer teruggevoerd naar dat raadsel van de menselijke persoonlijkheid die niet volledig begrepen kan worden uit een som van verschijnselen. Hoe dieper je doordringt in het besef van de vriendschap met die beste vriend, des te onbegrijpelijker wordt de drijfveer in die vriendschap. Je kunt met Aristoteles zoeken naar het nut van die vriendschap, naar het genot in die vriendschap, naar de idealen in de vriendschap en je zult misschien een enorme rijkdom daarvan vinden. Maar is dat het werkelijk? Nee, het raadsel is de drager van al die eigenschappen die je niet kunt samenvatten met al die eigenschappen. Die gaat er ver bovenuit, hij laat zich niet vangen in een lijstje en juist die is waar het om gaat! Dat brengt ons terug bij Martin Buber. Het moet het wezen van die ander zijn, waar die ander zelf 'ik' tegen zegt en waarvan die ander hoogstwaarschijnlijk zelf ook de sleutel tot het raadsel nog niet kent. Samen, in de vriendschap, ben je bezig die sleutel te vinden. Dat maakt een vriendschap zo boeiend, dat het een raadsel is, twee raadsels die elkaar op willen lossen en in het elkaar oplossen ook zichzelf oplossen: *ik en jij*.

'Samen praten en samen lachen,
hartelijk met elkaar omgaan,
samen mooie geestelijke boeken lezen,
elkaar plagen en elkaar achting bewijzen;
het soms met elkaar oneens zijn, zonder haat,
alsof je het oneens was met jezelf
en met dat zeldzame verschil van mening
die eensgezindheid van altijd kruiden aan elkaar
en van elkaar iets leren.
De afwezigen smartelijk missen,
De terugkerenden vreugdevol begroeten.

Met deze en andere soortgelijke tekenen,
Zoals ze zich openbaren in liefde en wederliefde,
Door kus, mond, spraak, ogen
en duizend andere vriendelijke gebaren,
de harten in vuurgloed brengt
en die velen tot eenheid versmelten.

Dat is wat men liefheeft in vrienden en zo liefheeft dat men het zichzelf kwalijk zou nemen als men de liefde niet met liefde zou willen terugbetalen, liefde met liefde, als men niet meer van de ander zou willen eisen dan zulke bewijzen van goede wil. Vandaar dit verdriet wanneer iemand sterft, deze duisternis van verdriet, deze ziekte van het hart waarvan de vreugde is veranderd in bitterheid, deze dood van de overlevenden die voortkomt uit het vertrokken leven van de overledenen. Gezegend is hij die U liefheeft, in U zijn vriend en omwille van U ook zijn vijand! Hij alleen verliest niemand die hem dierbaar is, omdat hij alles liefheeft in Hem die nooit verloren kan gaan.'

Augustinus (354 – 430), *Confessiones,* 4e boek

EEN VRIEND VAN EEN VRIEND ZIJN

We hebben nu dus de bron voor de vriendschap gevonden in het *ik en jij* dat wederkerig is, een aantrekkingskracht die maakt dat er eeuwige vriendschapstrouw bestaat. Nu is de volgende vraag: Wat wil je en kun je doen om de vriend van een vriend te zijn? Ik gebruik vanaf nu het woord vriend geslachtloos, zoals het ook in vriendschap gebruikt, wordt dan zeggen we ook niet *vriendschap* of *vriendinschap*. Bovendien komt de vriendschap ook tussen mannen en vrouwen voor, wat moet je dan zeggen? Ik spreek over *vriend* en bedoel daarmee de echte vriendschapsrelatie die tussen mensen bestaan kan zonder dat het geslacht daarbij een rol speelt. Wat wil je doen om een vriend van je vriend te zijn?

Je zult ongetwijfeld ervoor willen zorgen dat het een nuttige vriendschap is, dat de ander er wat aan heeft; ook dat het genot in de vriendschap een rol speelt, dat je je prettig en gelukkig voelt samen. Maar dat is natuurlijk toch niet de activiteit waarop de echte vriendschap gedijt.

Wat wil je betekenen voor de ander?

OEFENING: Hoe moet ik een beste vriend zijn?

Allereerst zal dat een volledige aanvaarding zijn van de totale persoonlijkheid, inclusief alle grote en kleine mankementen. Echte vriendschap vraagt om een mildheid tegenover een vervelende eigenschap, zelfs zo dat je die met een knipoog kunt plaatsen in je liefde voor het totaal van de persoonlijkheid. Dat maakt dat de ander zich volledig op het gemak voelt bij jou en er geen angst voor veroordeling hoeft te bestaan, want die is onmogelijk.

Wat er wel is, is een groeiende zelfkennis, doordat de

vrienden wederzijds elkaar steeds beter leren kennen.

Dat wat in de ander oplicht aan kennis over de één is ook in de één een toegenomen zelfkennis. Je zou het ook *begrip voor elkaar* kunnen noemen, maar dit gaat verder dan begrip. Hier is het hart betrokken om alles te ontvangen wat de ander te geven heeft. Dat betekent dan vervolgens weer niet, dat je nooit iets van kritiek zou mogen uiten, maar in de vriendschap zal zulke kritiek niet pijnlijk zijn en het zal zijn alsof je tot zelfkennis komt, uit eigen vrije wil. Misschien niet onmiddellijk - meestal is er een proces waarin zoiets ontstaat als een ruzie, gekibbel, onenigheid - maar de liefde voor elkaar draagt de vrienden daar doorheen en wanneer ze de bergen en dalen van de ongemakkelijkheden zijn gepasseerd schijnt de zon van de vriendschap nog stralender.

Wat wil je zijn voor je vriend? De onbeperkte belangstelling voor het wel en wee. Door Toon Hermans samengevat in: Als je iemand hebt die met je lacht en met je grient, dan heb je een vriend. Dat is het meegevoel dat geuit wordt. Maar in de vriendschap strekt zich dat meegevoel uit tot het totale *zijn* van de vriend.

Je hebt vriendschap omdat je die ander liefhebt om wie hij of zij is, en niet omdat hij of zij iets voorstelt of doet. Maar je verkeert wel samen in een zelfkennisproces en je ontwikkelt je.

In het vorige hoofdstuk zei ik: Je lost je aan elkaar op. Het raadsel dat je bent en dat de ander is, wordt door jullie beiden opgelost. Dat is de vertrouwdheid in de vriendschap en dat is de ontwikkeling in de vriendschap.

Maar vriendschap bestaat niet alleen uit het samen aan een tafeltje zitten en diepe gesprekken voeren. Vriendschap bestaat ook uit hard aanpakken wanneer het noodlot toeslaat. Dat is weer iets heel anders dan dat je een nuttige vriend bent. Dat ben je dan wel, maar nut is hier eigenlijk niet het juiste woord. In omstandigheden van nood wil je tot in het fysieke bijstaan en als je de mogelijkheid hebt, zul je zover willen gaan, dat je je eigen leven daarvoor tijdelijk vergeet.

Zulke dingen gebeuren soms ook wanneer er geen bekende vriendschap bestaat tussen mensen. Er reed in Leiden een vrouw met haar auto in de gracht, de auto lag op de kop in het water. Een student zag dat vanuit zijn studentenkamer, rende naar beneden. Het vroor. Hij sprong in het letterlijk ijskoude water en haalde met enige moeite haar eruit. De ruit van de auto moest met geweld worden gebroken. De vrouw stond even later ongedeerd aan wal.

Dat is een beeld voor vriendschap. Deze mensen kennen elkaar helemaal niet, maar die jongen doet wat je voor je beste vriend zou doen.

Zo ver zal ware vriendschap toch gaan, dat je bereid bent om tot in het fysieke bestaan in te grijpen om je vriend te redden wanneer die in nood verkeert.

In ware vriendschap komen alle waarden van het leven niet alleen aan de orde, maar wordt ook *met elkaar geleefd* en daarom hebben de grote geesten in de geschiedenis zich vrijwel altijd ook over vriendschap uitgesproken.

Vriendschap is een mysterie, maar is ook het meest bekende geluk wat een mens in zijn leven heeft. In dit boekje trachten we licht in dat mysterie binnen te dragen, zonder door het licht het mysterieuze te verliezen.

'Houd van iedereen met de liefde van een echte, sterke naastenliefde, maar schenk je vriendschap alleen aan mensen met wie je goede dingen, deugden, kunt uitwisselen. En naarmate de uitgewisselde deugden van grotere waarde zijn, zal ook je vriendschap aan waarde winnen.

Als bijvoorbeeld wetenschap het gemeenschappelijk belang van jullie vriendschap is, dan is het al heel mooi. Het zou natuurlijk nog mooier zijn als jullie samen de deugden van voorzichtigheid, bescheidenheid, sterkte en rechtvaardigheid beoefenden.'

François de Sales (1567 – 1622), *Inleiding tot het devote leven*

WAT VERWACHT IK VAN EEN VRIEND?

Bij deze vraag zou je kunnen denken dat je nog eens hetzelfde kunt zeggen als toen je de vraag trachtte te beantwoorden: Hoe kan ik een vriend van een vriend zijn?

Maar dat zou erop wijzen, dat je nog geen echte vriend bent.

Een echte vriend verwacht van zichzelf in de vriendschap het uiterste, van de vriend echter hoegenaamd niets.

OEFENING: Bezinning op de verlangens in de vriendschap

We hebben gezien dat je, wanneer je je bezint op de eigenschappen van de vriendschap met je beste vriend, die vriendschap dan niet kunt samenvatten met fysieke uiterlijkheden, met genot, samenklank van gevoelens, samenklank van idealen, de manier van doen, wat iemand bereid is voor je te doen. Dat alles verwijst alleen maar naar de echte basis van de vriendschap, die in zekere zin een raadsel blijft, omdat het het onuitsprekelijke wezen van de ander is, waar de vriendschapsliefde op berust.

Een kenmerk van die allerbeste vriendschap is de zekerheid dat die liefde voor het wezen wederkerig is. Er bestaat geen vriendschap die in één richting gaat. Dat kan in de liefde zo zijn, maar in de vriendschap berust de vriendschap juist op de wederkerigheid. Je komt dus aan een grens met het onuitsprekelijke. Je beleeft het wezen van de ander, al zou je dat, wanneer daar woorden voor zouden bestaan, altijd weer uitdrukken met het genot, de samenklank van gevoelens en idealen enzovoort, terwijl dat niet het wezenlijke is. Wanneer je je dan afvraagt wat je van die beste vriend in de vriendschap verwacht, dan zou het eigenlijk beperkt moeten blijven tot het verlangen, dat die vriend zijn of haar wezen met jou deelt, zodat *ik* een *jij* wordt en *jij* een *ik*. Iets anders heb je in ware vriendschap in feite niet nodig, want daaruit komen alle glorieuze kenmerken van ware vriendschap voort.

Natuurlijk verwacht je die glorieuze kenmerken wel, maar eigenlijk zou je moeten leven in het vertrouwen dat de ander zich echt aan jou wil openbaren en dat jij dat van jou uit ook wil. Dat betekent een openheid die er in het leven met kennissen niet is. Daar moet je toch altijd rekening houden met machtsverhoudingen die je moet kunnen hanteren, zo is het nu eenmaal in het mensenleven.

In ware vriendschap komen machtsverhoudingen te vervallen. Er is geen meer of minder, er is geen concurrentie, er is geen behoefte om je te poneren, er is alleen behoefte om het wezen van de ander in diens openbaring te ontvangen. Elk moment in de ontmoeting met een ware vriend is daarop in feite gericht. Er is een dorst naar het wezen van de ander en wanneer je met elkaar bent, kun je gelaafd worden, maar je zult altijd ervan doordrongen zijn dat het een wederkerig proces is. Dus als jouw dorst niet gelest wordt, dan komt dat mede doordat jij niet in staat bent om die ander in volledige openheid te laten zijn wie hij of zij is. Dat betekent dat alle vormen van oordeel, van ergernis, van beter weten enzovoort zwijgen, wanneer je met een echte vriend samen bent.

Ook wanneer die vriend niet in jouw buurt is, gaat het proces van vertrouwen onverminderd voort. Ook in je herinnering en in je toekomstverwachting ben je volledig open en ongehinderd door vooroordelen.

Wat een genade om zo als mensen samen te kunnen zijn in het absolute vertrouwen dat jij het nu precies bent voor die ander, zoals die andere het precies voor jou is. Meer is eigenlijk niet nodig, want al het andere dat je in de vriendschap verlangt komt daaruit voort. Maar dit, wat zo eenvoudig lijkt, is maar met een enkeling mogelijk.

Wanneer je je vriendschappen peilt op de diepte die ze hebben, zou je moeten constateren dat in het boeket van je vriendschappen er maar één of twee, of drie misschien, behoren tot deze echte diepste maar ook hoogste vriendschap.

Als je daar langer bij stilstaat, zou je een tweede raadsel moeten beleven en dat is de vraag: Wat is het dan precies waardoor met die één of twee of drie mensen in mijn leven zo'n intensieve verbinding bestaat? Bij alle andere vriendschapsbanden spreek je meer van kennissen, collega's... Waarom bereikt de vriendschap bij al die anderen die diepte en hoogte niet?

In eerste instantie is dat een raadsel. Maar wanneer je iedere keer weer naar dat raadsel teruggaat en probeert de kwaliteit van die echte vriendschap die je hebt te beleven, dan zul je meer en meer tot een beleving komen dat relaties tussen mensen uniek zijn en dat die als het ware tevoorschijn komen uit een wereld die je al lang vergeten bent.

'Ik weet dat je mijn vriend bent, wanneer je mij kent: en aan zo'n vriend had ik al zo lang behoefte.'

Johann Wolfgang von Goethe (1749 – 1832), *Tasso*

BROEDERLIJKHEID EN VRIENDSCHAP

De barmhartige samaritaan

'Daar trad een wetgeleerde naar voren om Hem op de proef te stellen. Hij zei: 'Meester, wat moet ik doen om het eeuwig leven te verwerven?' Hij sprak tot hem: 'Wat staat er geschreven in de Wet? Wat leest ge daar?' Hij gaf ten antwoord: 'Gij zult de Heer uw God beminnen met geheel uw hart en geheel uw ziel, met al uw krachten en geheel uw verstand; en uw naaste gelijk uzelf.' Jezus zei: 'Uw antwoord is juist, doe dat en ge zult leven.' Maar omdat hij zijn vraag wilde verantwoorden, sprak hij tot Jezus: 'En wie is dan mijn naaste?' Nu nam Jezus weer het woord en zei: 'Eens viel iemand, die op weg was van Jeruzalem naar Jericho, in de handen van rovers. Ze plunderden en mishandelden hem en toen ze aftrokken, lieten ze hem halfdood liggen. Bij toeval kwam er juist een priester langs die weg; hij zag hem wel, maar liep in een boog om hem heen. Zo deed ook een leviet; hij kwam daarlangs, zag hem, maar liep in een boog om hem heen. Toen kwam een Samaritaan die op reis was, bij hem; hij zag hem en kreeg medelijden; hij trad op hem toe, goot olie en wijn op zijn wonden en verbond ze; daarna tilde hij hem op zijn eigen rijdier, bracht hem naar een herberg en zorgde voor hem. De volgende morgen haalde hij twee denariën tevoorschijn, gaf ze aan de waard en zei: Zorg goed voor hem, en wat ge meer mocht besteden, zal ik u bij mijn terugkomst vergoeden. Wie van deze drie lijkt u de naaste van de man die in handen van de rovers gevallen is?' Hij antwoordde: 'Die hem barmhartigheid betoond heeft.' En Jezus sprak: 'Ga dan en doet gij evenzo.'

Lucas Evangelie, Hoofdstuk 10,25 – 37

Elke echte vriendschap is tevens ook broederlijkheid, want wat bedoelen we met broederlijkheid? De verwantschap is zodanig, dat we ons bekommeren om het wel en wee van de ander. Wanneer het niet goed gaat met een medemens, dan zullen we het uiterste doen om daar steun aan te geven, om te helpen, misschien zelfs om problemen op te lossen. Het grote voorbeeld van de broederlijkheid is het beeld uit het Lucas evangelie van de barmhartige Samaritaan. Daar wordt duidelijk wie de echte broeder van de gewonde man langs de weg is. Deze twee zijn geen vrienden, maar er is wel broederlijkheid in het handelen van de Samaritaan. Barmhartigheid is de kwaliteit van de broederlijkheid. Hier wordt het op het fysieke vlak geschilderd, maar als mensen kunnen we ons ook in geestelijke zin of naar de ziel broeders en zusters voelen, gebaseerd op een bepaalde verwantschap die maakt dat we in tijden van nood hulp zullen bieden, ook al vraagt dat mogelijk een offer van ons.

Ik gaf het voorbeeld van de student die in het vrieskoude water springt om een vrouw uit een zinkende auto te redden. Dat is een handeling van broederlijkheid. Maar wanneer een psycholoog of een psychiater - of een pastor - een medemens die in zielennood verkeert kan helpen om daar weer uit te komen, dan is dat ook een uiting van broederlijkheid.

Het grote ideaal is dat *alle mensen broeders worden*, dat we ons als mensheid bewust worden dat we verwant zijn, niet naar het bloed, maar wel naar onze afkomst.

Daarvoor is natuurlijk een zeker geloof in het bovenzinnelijke, een geloof in het bestaan van een Schepper noodzakelijk. Want wanneer je de Vader erkent als jouw vader, dan zijn je broeders en zusters diegenen, die dezelfde vader hebben.

Dat is het grote toekomstideaal. Het ontroert denk ik ieder mens wanneer bijvoorbeeld in de negende symfonie van Beethoven dit klinkt: *Alle mensen worden broeders.*

Maar dat is iets anders dan vrienden worden. Een vriend is altijd ook een broeder of zuster, maar de broederlijkheid is niet congruent aan de vriendschap. De vriendschap gaat daar in zekere zin boven uit, omdat het een liefdesband is die berust op de verbinding tussen twee individualiteiten, *ik en jij*. Dat kan niet met alle mensen, in elk geval is het in ons aardebestaan niet voorstelbaar.

Christus wordt wel de vriend van alle mensen genoemd. Je kunt je voorstellen dat het een goddelijke eigenschap zou kunnen zijn om de waardigheid van ieder individu zo hoog te schatten, dat je met ieder individu de ware vriendschap zou kunnen hebben. Maar dat is voor de gewone mensen die wij zijn een toekomstperspectief, dat nog veel verder weg ligt dan de broederlijkheid.

Toch kun je zeggen dat die verhoging van de broederlijkheid tot vriendschap in het werk met mensen in aanleg wel aanwezig is. Je kunt in een spreekuur je werk doen en je kunt dat goed doen. Je kunt een goede bekwame arts zijn en werkelijk bekommerd zijn om het leed van je medemens, om met alles wat je hebt te proberen heling te verschaffen. Dat is de broederlijkheid.

Maar je kunt je voorstellen dat je ook in dat patiëntencontact zou kunnen peilen wie die ander nu echt is. Martin Buber beschrijft voorbeelden van momenten waarin dit samengaan van de ene individualiteit met de andere plaatsvindt. Dat kan in een spreekuurcontact gebeuren, maar dat kan ook gebeuren wanneer je bijvoorbeeld met je creditcard gaat afrekenen bij een tankstation. Dan kan er iets aan het loket beginnen te stromen, wat niet alleen broederlijkheid is - want dat speelt op dat moment niet, je moet betalen voor de dienst die je verleend wordt. Maar in de blik van de een, die de blik van de ander treft, of de uitstraling van de een, die in samenklank komt met de uitstraling van de ander, ontstaat een moment van samengaan van *ik en jij* dat overeenkomstig is met vriendschap.

Alleen duurt het contact misschien twee minuten. Je keert je om en gaat terug naar de auto en vervolgt je weg. Wat er hoogstens overblijft, is een gevoel van verwondering dat dit mogelijk is, een gevoel van geluk dat dit blijkbaar zomaar met iedereen mogelijk is.

Dat geeft je natuurlijk wel een impuls, wanneer je dit vaker meemaakt, om te onderzoeken of het misschien in de hand te krijgen is. Nu treedt het vanzelf op. Maar wat hebben ik en jij nu precies gedaan, waardoor dit moment van samenklank optrad?

Als dat toch eens tussen alle goedwillende mensen kon plaatsvinden?

Maar dan zou je moeten weten: is er iets wat je daarvoor kunt doen, dat dit ontketend wordt? Buber zegt: *Wanneer de terughouding wordt opgeheven tussen twee mensen, dan begint dat te stromen.*

OEFENING: Kun je dat bevestigen? Is er misschien nog meer wat je kunt doen om niet alleen met alle mensen broeders te worden, maar uiteindelijk zelfs deel te hebben aan die vriendschap die misschien wel van bovenzinnelijke aard is?

LIEFDE

Wat is dan liefde in verband met de vriendschap?

Daarvoor zou je eerst moeten weten wat liefde eigenlijk is. Veel gevoelens die je liefde noemt zijn dat niet echt. Wanneer je een sterke sympathie voor iemand hebt, kun je dat liefde noemen. Je kunt houden van het uiterlijk van iemand, van de manier van doen, van de eigenschappen, van het gewoonteleven zelfs. Je kunt het prettig vinden dat je complimenten krijgt, dat iemand je begrijpt. Dat alles zou je liefde kunnen noemen, maar in feite zijn dat vooroefeningen voor de liefde.

De ware liefde is totaal onzelfzuchtig. Er zijn prachtige teksten over de liefde te vinden in de literatuur. In Het Boek, de Bijbel, vinden we in één van de brieven van Paulus een loflied op de liefde. Ik citeer aan het eind van dit hoofdstukje een tekst van Thomas van Aquino, de grote denker uit de 13e eeuw. Daarin wordt de liefde echt benaderd, maar dat is dan een liefde die de mens niet alleen voor een medemens heeft, maar ook voor de dieren, voor de planten, voor de stenen, voor de aarde, voor de maan en de zon en de sterren, voor de planeten, voor de hele schepping met alle daarin werkzame wezens. De ware liefde breidt zich uit over het hele bestaan. Voor iemand als Thomas van Aquino is de ware liefde tegelijkertijd de liefde voor God. God is een wezen dat je alleen maar kunt vatten wanneer je de openbaring, zoals die in de Bijbel te vinden is - maar ook bij de grote denkers - in zekere zin zou kunnen overzien, zoals een adelaar in zijn vlucht de aarde kan overzien. In dat overzicht zou je enig benul krijgen van het goddelijke, als je tenminste in staat bent de liefde zo te vergeestelijken, dat je niet gebonden bent aan de aanwezigheid van een tastbaar schepsel.

Maar stel, je bent een mens die niet met het goddelijke vertrouwd is, die op aarde leeft vanuit een opgewekt gemoed, een helder verstand en een goede wil. Wat is dan de liefde voor een persoon? De liefde is het tegendeel van het egoïsme en wanneer je het egoïsme goed kent en je zou het kunnen omstulpen, als het ware in zijn totaliteit in het tegendeel kunnen verkeren, dan zou je de absolute liefde kennen. Overal waar het egoïsme plaats maakt voor het andere is er sprake van liefde. Wanneer die liefde op het hoogste niveau wordt gebracht, dan betekent dit, dat je de ander, het andere, het allerbeste toewenst en dat je ook bereid bent om eraan mee te werken om dat allerbeste voor die ander ter beschikking te doen komen.

Dat lijkt op de broederlijkheid. Broederlijkheid zonder liefde is niet denkbaar. Maar de liefde is veel groter dan de broederlijkheid. Zij is ook groter dan de vriendschap. De liefde kan zo groot worden als de macrokosmos.

Stel je maar eens voor dat je echt doordrongen zou zijn van het verlangen dat het iedereen en alles goed gaat. Dan zou de concurrentie de plaats in de wereld hebben verloren en ook de jaloezie zou een eigenschap uit het verleden zijn. Want wanneer je de ander het allerbeste gunt, ben je vreugdevol wanneer die dat ook heeft. Dan is het ondenkbaar dat je vanuit je ooghoeken met nijd en afgunst naar al die goede gaven bij de ander kijkt.

Dat zou liefde zijn, het allerbeste voor de ander voorstellen, wensen, tot stand brengen.

In de vriendschap is het een niet gesigneerd verdrag dat je elkaar die liefde wilt toe dragen. Je voelt onrust wanneer de ander onrust heeft, je krijgt zorgen wanneer de ander die heeft. Er is niets in jou wat ook maar in het minst zou kunnen vinden dat het die ander toch ook wel toekomt, een beetje ongeluk op zijn tijd...

Dat staat natuurlijk in die drie zinnetjes bij Toon Hermans: *Wanneer je iemand hebt die met je lacht en met je grient, pas dan kun je zeggen: ik heb een vriend.*

Het samen grienen blijkt veel makkelijker te zijn dan het samen lachen om het geluk dat jou niet ten deel valt, maar die ander. Het samen gelukkig zijn om het geluk van de ander, dat is de ware liefde.

OEFENING: Bezinning op de eigen vermogens om echt lief te hebben.

Ik denk dat in de meeste vriendschappen dat hoge niveau van de liefde nog ontwikkeld moet worden. Het is ook de smart die met de vriendschap gepaard gaat, dat je onvolkomen mensen blijft die elkaar niet dat kunnen geven wat ze eigenlijk zouden willen, omdat het ego van tijd tot tijd met een geweldige macht uit de diepte opborrelt om zijn rechten op te eisen. Maar rechten heb je in een vriendschap niet. Je geeft rechten, maar je verlangt ze niet.

Het is makkelijk om dat allemaal uit te spreken. Het is niet zo moeilijk om al die diepere werkingen in de ziel die met vriendschap samenhangen op het spoor te komen en onder woorden te brengen. Maar om die woorden tot daden te verheffen, dat is pas de liefde, dat is levenskunst. En ik denk dat de hele wereld vriend met je zou willen zijn als je dat zou kunnen. Dan zou de hele wereld namelijk gewaarworden wie je echt bent en dat zou voor jou dan ook een grote genade zijn, omdat je zeggen kunt: Wat is er mooier dan dat je door een medemens begrepen wordt, dat wil zeggen gezien wordt in je ware wezen?

'De liefhebbende wordt in die zin uit zichzelf in de geliefde overgedragen, voor zover hij het goede voor de geliefde wil en door zijn zorgzaamheid ten gunste daarvan actief is zoals voor

zichzelf. Daarom zegt Dionysius (de Aeropagiet) in 'Over de goddelijke namen' ook: 'Men mag echter dat evenzeer als waarheid uitspreken, dat ook God zelf, de oorzaak van alles, door het overvloeien van zijn liefhebbende goedheid uit zichzelf uittreedt, doordat Hij voor al het Zijnde zorgt."

Thomas van Aquino (1225 – 1274)

Zo'n tekst past in onze tijd niet, *behalve* wanneer je er langer over nadenkt en probeert *te voelen, te beleven*, wat er gezegd wordt. In het bestek van dit boek over vriendschap komt het aan op het vermogen van de liefhebbende om zich in de geliefde uit te storten en dan als het ware diens belang te beleven en behandelen als ware het het eigen belang.

VRIENDSCHAP EN LEVENSPARTNERS

We hebben tot nog toe gesproken over vriendschap in het algemeen, maar er is natuurlijk een heel specifieke vorm van vriendschap en dat is de vriendschap tussen levenspartners. Het is de vraag of je als levenspartners eenzelfde soort vriendschap kunt hebben als met mensen met wie je geen lichamelijke relatie hebt. Vaak ontstaat vriendschap eerder dan de lichamelijke relatie, dat is een gunstige volgorde voor de vriendschap.

Ik denk dat iedereen wel weet dat een lichamelijke relatie beproevingen brengt. Door de erotisch-sexuele verhouding worden macht en onmacht, meer en minder, boven en onder op de proef gesteld. Terwijl dit in het seksuele verkeer een bepaalde plaats inneemt, moet dat in de verhouding die daarbuiten bestaat niet worden doorgedragen. Dat gebeurt natuurlijk vaak wel.

Je kunt natuurlijk zeggen: Wat zeg je nu van de seksualiteit? Dat is toch de hoogste, meest intieme verbinding die we als mensen kunnen hebben? Zo kun je het zien... Maar het feit dat er lustmisdaden bestaan die met de seksualiteit te maken hebben laat zien dat een lichamelijke verbinding met een medemens zeer gecompliceerd is. Daarom zeg ik: Wanneer de vriendschap aan de lichamelijke relatie voorafgaat, is dat de meest gunstige volgorde, hoewel die lichamelijke relatie dan ongetwijfeld beproevingen gaat opleggen aan de vriendschap. Want we hebben gezien: in de vriendschap spelen macht en onmacht, meer en minder, absoluut geen rol. Daar gedijt de vriendschap alleen wanneer zulke verschillen tussen de vrienden niet bestaan, of worden opgeheven.

Als de vriendschap sterk genoeg is zal die de verschillen, die door het lichamelijke leven ontstaan, overstralen en kunnen dragen en zal het positieve van een lichamelijke relatie een verdieping zijn van de vriendschap. Dat is natuurlijk toch iets heel bijzonders en is ook werkelijk exclusief, wanneer je in de vriendschap zover kunt gaan dat je één lichaam wordt. Zo kunnen de diepste liefdesvriendschappen op een ondergrond van een lichamelijke relatie gedijen.

In het geval dat de lichamelijke liefde eerst komt en er dan een samenleven ontstaat tussen twee mensen die hun alledaagse bestaan met elkaar gaan delen, dan kan het heel goed zijn dat er geen vriendschap ontstaat. Dan wordt het een samenleven op basis van lichamelijke aantrekkingskracht en dat wat er nodig is voor ware vriendschap wordt niet ontwikkeld of is niet aanwezig.

Maar het kan ook zijn dat door het dag in dag uit met elkaar de lasten en lusten van het aardebestaan te delen een echte vriendschap ontstaat, waarin de vrienden elkaar door dik en dun trouw zijn en blijven.

Ik spreek in dit boekje over ideale vriendschap. Het is dan vanzelfsprekend dat wanneer partners vriendschap met elkaar hebben, dat ze niet af en toe een uitstapje naar iemand anders maken. Dat is in het licht van de vriendschap een onmogelijkheid en zal dus ook niet gebeuren. Gebeurt dat wel, dan is dat eigenlijk een symptoom van de gebrekkige vriendschap. Als je echte vrienden bent, doe je elkaar zoiets niet aan. Ook niet in tijden dat het misschien heel moeilijk is, of dat de ander lastig is, of in een depressie zit, of ziek wordt, of agressief wordt. Dan zou je moeite hebben om in de ware vriendschap stand te houden. Maar juist de ware vriendschap staat er borg voor dat je dat kunt.

Is er in het leven op aarde liefde tussen twee mensen, die verder reikt dan een vriendschapsband, gecombineerd met een lichamelijke liefde?

Lichamelijke liefde kan op een gegeven moment van minder belang worden, maar de vriendschapsliefde heeft daardoor een heel bepaalde kwaliteit gekregen die niet kan ontstaan, wanneer die lichamelijke liefde er niet is geweest.

De vriendschapsliefde die leeft en gedijt zonder dat een lichamelijke liefde daarbij een rol speelt is natuurlijk in zekere zin van edeler en bovenzinnelijker aard. In die zin staat die vriendschapsband hoger. Wanneer je alle waarde zou toekennen aan de vriendschap tussen partners dan zou dat betekenen dat je met anderen geen vriendschap meer kunt hebben. Zo is het natuurlijk absoluut niet. Maar het samengaan van een lichamelijke liefde met een vriendschapsband waarin je alles met elkaar deelt en voor elkaar doet, heeft in het aardebestaan een heel grote betekenis.

Stel je voor dat je niet één keer maar meerdere keren op aarde bent, dan is de vriendschap, de liefde voor die andere individualiteit, denkbaar als eeuwig. Dan is het ook denkbaar dat de vriendschap die dan in elke incarnatie terugkomt, misschien maar één keer zich mag uitstrekken tot een lichamelijke liefde.

Wanneer je dat in je gemoed wikt en weegt, dan begin je nog eens extra te beleven hoe bijzonder het is, wanneer twee mensen die ware vriendschap met elkaar hebben, dit mogen uitstrekken tot in de lichamelijke liefde.

'Trouw geleid, ga daarheen
Waar jullie de zegen van de liefde behoedt.
Triomferende moed, winst van de minne
Verenigen jullie zich in trouw tot het gelukzaligste paar.'

Richard Wagner, *Lohengrin, Hochzeitslied*

TWEEDE DEEL

HET SLUITEN VAN VRIENDSCHAP VANUIT HET 'NIETS'

WAARACHTIGHEID

In dit tweede deel willen we de vraag beantwoorden: Hoe sluit ik echte vriendschap wanneer ik dat wil? Tot nu toe spraken we over vriendschap die het lot je brengt. Wanneer je vriendschappen onderzoekt dan kom je in de diepte op een punt waar je moet zeggen: Het zijn niet de eigenschappen of de gebeurtenissen zozeer waarop deze vriendschap rust, maar die berust op het raadsel van de individualiteit. Het is niet zo dat ik die individualiteit vol onder ogen heb, maar in de diepte is dat blijkbaar wel zo, want vandaaruit komt een onvoorstelbare aantrekkingskracht tot die persoon omhoog. Zo komt ook de partnerkeuze tot stand en daarom kun je met recht zeggen dat de vrijheid in de partnerkeuze niet aanwezig is. Er bestaat natuurlijk wel vrijheid in het vormgeven van de relatie tijdens het leven, maar het zich zo sterk aangetrokken voelen tot een mens, dat je daar een leven lang mee wilt samenleven tot in de lichamelijke details toe - dat berust niet op een vrije keus.

We staan als mensen op een punt waarin we steeds meer zelf de zeggenschap willen hebben over hoe ons leven verloopt. Nog steeds geeft het lot met alle kracht mee vorm aan dat leven, maar we staan daar zelf steeds meer in op en willen de teugels zelf in handen nemen. Eerst gebeurt dat door binnen de verhoudingen die het lot voor je schept vrij te worden door de dingen zo te doen zoals je ze wilt doen. Maar kun je ook relaties met mensen aangaan die als het ware 'nieuw' zijn, waarin de kracht van het lot niet of niet zo sterk werkzaam is? Dat zijn mensen waar je vanuit het lot aan voorbij zou lopen, maar voor wie je met je ontwaakte bewuste oog belangstelling zou kunnen hebben en met wie je vanuit de vrije wil een vriendschapsband zou kunnen aanknopen? Het antwoord daarop is beslist 'ja'! De tweede vraag is dan natuurlijk: Hoe sluit je vriendschap met mensen tot wie de natuurlijke drang je niet zozeer drijft? Je hebt die vriendschappen ongetwijfeld al, maar die nemen niet zo'n belangrijke plaats in je leven in.

Laten we nog eens teruggaan naar de puberteit en naar de tijd daarna, de jonge volwassenheid. Daarin is het beslist niet zo dat je alleen maar *gedreven* bent naar mensen. Wanneer je terugkijkt, zul je je ongetwijfeld banden met mensen herinneren die goed waren, waarin je het met die mensen goed gehad hebt, waar ook de trouw en de liefde een rol speelden, maar waar die onweerstaanbare aantrekkingskracht ontbrak. Het is zo ongeveer het verschil tussen de romantiek van de volle maan en het alledaagse van het heldere daglicht. In de duisternis, waarin de maan schijnt, heb je niet veel zintuigindrukken nodig om die aantrekkingskracht gewaar te worden die er tussen mensen kan zijn - en dan spreek ik niet over verliefdheid alleen, maar ik spreek over vriendschap in het algemeen.

Overdag is het leven veel zakelijker en moet je je werk doen, heb je plichten en je zult minder geneigd zijn om te idealiseren of om in mensen iets te zien wat met dat gewone daglicht niet zichtbaar is.

Dat is een vergelijking en je kunt natuurlijk heel goed je allerbeste vrienden overdag tegenkomen en je kunt ook gewoon een relatie in de avond buiten aanknopen. Maar het gaat hier om het aanknopen van 'daglichtrelaties'. Dan is de vraag hoe je dat moet doen. Zou het misschien mogelijk zijn om met alle mensen vriend te worden, zoals men ook zegt: Alle mensen worden broeders?

Toen ik het boekje van Martin Buber las, toen ik jong was, over *ik en jij*, sprak me die onweerstaanbare aantrekkingskracht tussen *ik en jij* geweldig aan, maar tegelijkertijd had ik toen al de vraag: Is het niet mogelijk om jezelf zo vorm te geven dat je dat ook kunt met mensen waar je in eerste instantie meer onverschillig tegenover staat? Want in feite is natuurlijk ieder mens een wonder en zou je toch eigenlijk in ieder mens dat bovenzinnelijke of dat ideale moeten kunnen zien, wat je in de vriendschap altijd ziet. Je bent dus in feite blind als je niet met iedereen, met alle mensen vriendschap kunt hebben. Is het mogelijk om dat te ontwikkelen?

Zo heb ik gevonden dat de allereerste voorwaarde voor het ontstaan van echte vriendschap tussen 'iedereen' de waarachtigheid is.

In de oorlog kwamen Amerikaanse soldaten bij mijn familie eten en zoals zij vaak zijn waren ze laaiend enthousiast over de maaltijd en ook zeer dankbaar. Ze konden niet ophouden met te vertellen hoe geweldig ze het vonden. Ze kwamen maar één keer. Maar toen ze weg waren lag dat heerlijke eten voor een groot deel onder tafel.

Dat is een grotesk beeld voor de onwaarachtigheid, hoe goed bedoeld ook. Je kunt het niet eten, want je walgt ervan, maar je wilt het de gastvrouw of heer niet aan doen om het te laten staan, dus je put je uit in complimenten en intussen zie je maar dat je het kwijt raakt zonder dat je het moet opeten. Een plantenbak of een kolenkit zijn ook plekken die je dan dankbaar kunt gebruiken.

Als je eerlijk bent, zie je dat die onwaarachtigheid tussen mensen een hoofdrol speelt. Niet zo grotesk als in dit voorbeeld, maar op een gewone manier. Mensen doen heel gemakkelijk aardig tegen elkaar, terwijl daarachter een hele wereld van vernietigende oordelen leeft. Of mensen doen heel gemakkelijk aardig tegen elkaar, maar als er het volgende moment iets vervelends gebeurt, dan is die aardigheid vergeten en slaat om in een onaardigheid.

Wat is waarachtigheid? Dat is dat je gedrag en dat wat je zegt volledig overeenkomt met wat er in het geheime innerlijk aanwezig is. Je kunt natuurlijk met tegenzin iets voor iemand doen en het de schijn laten hebben dat je het graag doet. Dat is onwaarachtig. Dat betekent niet dat je het niet zou moeten doen, maar dat betekent dat je jezelf zou moeten aanpakken en het ook werkelijk graag zou moeten doen. Dat vraagt zelf-aanpak en dat vraagt natuurlijk ook zelfbewustzijn. De meeste mensen leven zoals het zich voordoet en zijn zich helemaal niet bewust van deze verschillen in uiterlijke vertoning en innerlijke toestand.

Zeker is in elk geval dat op die basis nooit een vriendschap kan ontstaan, want vriendschap berust op het vertrouwen en het vertrouwen wordt keer op keer geschaad wanneer de waarachtigheid er niet is. Je zou kunnen zeggen dat je vooroefeningen moet doen om het vriend-worden in de hand te krijgen. Die vooroefeningen bestaan eruit dat je jezelf onderzoekt op je waarachtigheid. Is dat wat je zegt ook werkelijk wat je vindt? Het gaat dan niet eens om het niet meer liegen. Als je leugens vertelt, ben je natuurlijk ook onwaarachtig en is vriendschap eigenlijk een totale onmogelijkheid. Maar er is een veel fijnere leugenachtigheid bij mensen die verder altijd de waarheid spreken, maar die in hun waarachtigheid toch tekortschieten. Dat kan de medemens niet altijd constateren, maar beleven doet hij dat wel en dat geeft een onzekerheid in het contact. Wanneer er onzekerheid in het contact is zal er geen vriendschap ontstaan. Dan ben je blij dat je er weer vanaf bent, als het gesprek of de ontmoeting voorbij is. Je zult dus met een zeker zelfbewustzijn moeten opletten op de overeenstemming tussen wat je zegt en wat je doet, met wat je vindt. Als je daar een onderscheid tussen vindt, als je iets anders vindt dan wat je zegt, dan ben je in feite aan het liegen, zij het fijnzinniger dan in een grove feiten-leugen. Als je iets anders vindt dan wat je voordoet, is dat in feite ook het geval. Je kunt mooie dingen zeggen, maar als je het niet vindt, zeg het dan liever niet. Vriendschap ontstaat er dan toch niet, dus je kunt het net zo goed achterwege laten. Als je die vriendschap echt wilt dan moet je dat wat je vindt aanpassen aan dat wat je zegt. Je kunt natuurlijk zeggen: Ja zeg, wat ik vind, dat vind ik en dat kan ik niet veranderen. Waarom wil je dan vriendschap? Zeg dan positieve dingen die je wel vindt!

Kortom, de eerste OEFENING voor een mens die vriend wil worden is: Ontwikkel de waarachtigheid!

'Haatgevoelens verdwijnen nooit uit deze wereld door te haten, maar door lief te hebben; dit is een eeuwige waarheid. Overwin toorn door liefde, overwin het kwade door het goede. Overwin de vrek door te geven, overwin de leugenaar door waarachtigheid.'

Boeddha (ca. 450 v.Chr. – ca. 370 v.Chr.)

AANDACHT

Wanneer je vanuit het niets vriendschap wilt sluiten, ben je bezig met een schepping van iets nieuws. Waarachtigheid is de eerste voorwaarde. Dan komt wat voor alle mensen het belangrijkste is, dat er iemand aandacht voor je heeft. Ik geloof dat een groot verlangen in alle mensen is, ook in mensen die het slechte doen, om begrepen te worden. Je zou zo graag willen dat mensen je zouden opvatten zoals je werkelijk weet dat je bent. Onder echte vrienden is dat zo. Maar wanneer je als nieuw ideaal hebt om vriendschap vanuit het niets te sluiten, iets wat met iedereen zou moeten kunnen, dan moet je je bewust worden van dit grote verlangen van de mens om begrepen te worden. Wanneer jij het bent die een vriendschap wilt sluiten, dan betekent dit dat je dit niet zelf wilt verlangen. Je moet dus je eigen verlangen om begrepen te worden volledig omvormen in wil om die toekomstige vriend te begrijpen. Daarvoor is de uiterste aandacht noodzakelijk.

In de omgang tussen mensen is het meestal zo dat ieder in de eigen gedachtewereld besloten is. Af en toe wordt een tipje van het gordijn van dromerigheid opgetild. Je wordt wakker voor het feit dat die ander er ook is, en voor waar die mee bezig is. Het kan zelfs iets langer aanhouden dan een paar seconden.

Bij een verlangen naar vriendschap moet die zwakte in de hand genomen worden. In de boekjes *Leer denken*, *Leer voelen* en *Doen*! worden oefeningen beschreven die daartoe leiden zonder dat het oog echt op de vriendschap gericht is. Als je vriendschap nastreeft, heb je die kwaliteiten nodig. Je moet wakker kunnen worden uit je begeertenwolk en je gedachtenomhulling, je moet de ogen leren opslaan naar de zon van de ander. Het kan zijn dat zijn zon zo sterk straalt dat je de ogen weer moet neerslaan uit zelfbehoud. Dan moet je kijken wat je kunt doen en in hoeverre die ander jouw vriend kan worden. Maar meestal is het zo dat het opslaan van de ogen naar de ander heel gemakkelijk gaat en dat je met verbazing constateert dat je dat eigenlijk altijd zou kunnen doen. Je merkt dat ook nu het egoïsme maakt dat je helemaal in jezelf besloten bent en je hebt het niet eens in de gaten.

Nu wil je vriendschap met iemand. Daarvoor heb je het misschien wel over om jezelf af en toe grondig te vergeten en de aandacht geheel en al te richten op die mogelijke vriend. Het kan niet anders dan dat die verbaasd is over de aandachtsstroom die gevoeld wordt, want die voelt een mens, al wordt hij zich die misschien niet bewust. Aandacht en begrip zijn elementen waar ieder mens naar verlangt en wat ieder mens veel te weinig krijgt in het leven. Je slaat bij wijze van spreken je ogen op naar de ander, je zet je oren wagenwijd open, de warmte van de verlangde vriendschap stroomt van je uit. Je wacht af hoe die ander daarop reageert. Meestal, als er tijd is, beginnen mensen dan over zichzelf te vertellen - want dat kunnen ze nergens, behalve misschien bij de psycholoog of bij de huisarts als die tijd heeft. Ook vrienden onder elkaar hebben het vaak te druk om dat wat hun vriendschap steunt, om dat met aandacht en begrip te onderhouden.

Nu wil je een vriendschap sluiten met iemand waar die raadselachtige drang van de persoonlijkheid niet duidelijk is. Je zou gemakkelijk langs deze persoon heen kunnen lopen, maar dat doe je niet. Je blijft staan, bij wijze van spreken, en slaat je ogen op en je zet je oren open en je ziet de ander en je hoort wat hij te zeggen heeft. En dan nog kan het zijn dat, ondanks je versterkte aandacht, wat die persoon te vertellen heeft het ene oor in en het andere oor uit gaat, dat het langs je heen gaat, omdat je nog steeds verwikkeld bent in je eigen gedachten en wat je wil gaan zeggen. In feite wil je natuurlijk zelf degene zijn die vertelt, je hebt het misschien in gedachten al gedaan. Maar het is niet aan de orde, want je weet: vriendschap sluit ik niet op basis van wat ik te vertellen heb, maar vriendschap ontstaat op basis van wat ik in me wil opnemen. Je ziet en je hoort die ander dankzij een versterkte aandacht. Nu moet je nog voldoende belangstelling opbrengen voor datgene wat je geschonken wordt, zodat het naderhand ook nog herinnerd kan worden. Als arts schrijf je in een consult een paar steekwoorden op, zodat je, wanneer die patiënt terugkomt, weer weet waar je het over gehad hebt. Je kunt onmogelijk alles onthouden van de duizend patiënten die je in een paar maanden ziet. Maar voor een vriendschap die je sluit moet je geen dossier nodig hebben, dat dossier moet zich in je hart bevinden. Echte interesse maakt dat je de dingen onthoudt alsof je het zelf hebt meegemaakt. Dat kun je natuurlijk oefenen. Dat doe je niet wanneer je met een mogelijke vriend in gesprek bent, maar je kunt wel op andere momenten proberen je interesse in wat je opneemt zo te vergroten, dat het stand houdt. Jonge mensen hebben vaak een levendigere interesse dan ouderen. En wanneer die interesse afneemt dan loert het gevaar van de dementie. Daar staat tegenover dat de oudere mensen veel meer levenservaring hebben, waardoor ze, wanneer ze het opbrengen om echt naar elkaar te luisteren en te kijken, veel meer begrip kunnen hebben voor elkaar. Zo moet je als mens die de vriendschap zoekt dat geven wat je hebt. Je kunt niet geven wat je niet hebt. Maar aandacht kan iedereen geven, jong of oud, en interesse valt op te wekken. Wanneer je echt vriendschap zoekt met iemand, waarom zou je dan niet tot het uiterste geïnteresseerd zijn in elk beeld dat hij toont met zijn persoon, en in elk woord dat hij spreekt? Wanneer iemand je zijn levensverhaal vertelt, kun je jezelf dan niet zover brengen dat je dat evenveel interesseert als je eigen levensgebeurtenissen?

Vanuit de natuur kun je dat niet, het eigen leven interesseert je bovenmatig, het leven van een ander is hooguit een interessant gegeven.

Maar de interesse daarvoor kan worden opgewekt, kan worden versterkt en het is te voorspellen dat wanneer je dat opbrengt, de ander een stuk geluk daarmee krijgt wat zo uitzonderlijk is, dat hij of zij steeds meer en meer zelf de vriendschap met jou gaat zoeken.

OEFENING: Onderzoek je aandacht!

'Wanneer je in een ontvankelijke geestestoestand verkeert, kunnen de dingen gemakkelijk worden begrepen; je luistert, wanneer je je werkelijke aandacht aan iets schenkt.'

Krishnamurti (1895 – 1986)

VERSTAAN EN BEGRIJPEN

De mensen verlangen naar begrip van andere mensen, maar het werkelijk begrijpen van een ander is niet eenvoudig. Wat doe je als je luistert en vanuit het luisteren je begrip vormt? Je maakt gebruik van je reeds bestaande begrippenkader dat je hebt opgebouwd in het leven en dat ook sterk medebepaald is door je opvoeding, de omgeving, maar ook door sympathieën en antipathieën. De begrippen zijn toch voor een deel ook persoonlijk.
Op zich is het begrip iets algemeens. In de middeleeuwen, toen de wetenschap van het denken floreerde, werden de begrippen *universalia* genoemd, dat wil zeggen dat ze een universeel karakter hebben, dat ze voor alle mensen hetzelfde zijn. Maar het samenvoegen van begrippen is nog weer iets heel anders. Daar speelt de persoonlijkheid met al die aspecten die ik heb genoemd de hoofdrol. Wanneer je naar iemand luistert, dan is er een groot gevaar dat je datgene wat dan jouw begrip is van wat diegene vertelt, teruggeeft. Dan voelt de ander zich pas echt onbegrepen, want hij heeft zijn best gedaan om alles zo precies mogelijk te vertellen en jij slaagt er niet in om dat echt te begrijpen. Dat treedt ook op wanneer je bepaalde dingen in het openbaar zegt of schrijft. Mensen luisteren, mensen lezen en zeggen naderhand: Zij heeft dit of dat gezegd of geschreven. Als je dat dan als spreker of schrijver terughoort, dan ben je vaak verbaasd over wat het in het begripsvermogen van de luisteraar of de lezer geworden is. Het is dus niet zo eenvoudig om een medemens dat tegemoet te dragen wat hij eigenlijk verlangt, namelijk dat je begrijpt wat er werkelijk gezegd wordt en wat gezegd wordt vanuit het eigen begrip van die persoon. Daarvoor zou je als het ware

moeten uitvloeien in het denken en spreken van de ander, waardoor je niet meer bij jezelf bent en dus ook jezelf niet in het begrijpen meeneemt, maar als het ware meeleeft in het vormgeven van de gedachten in de spraak.
Dat is een hoge menselijke kwaliteit. Het is een aspect van de liefde.
Wanneer je dat niet kunt, moet je bruggen bouwen naar die ander, waardoor je hem kunt bereiken en kunt vatten wat hij zeggen wil zonder dat je al echt de mogelijkheid hebt om helemaal in de zelfvergetenheid te gaan en totaal in de vereniging met de ander te blijven.
Een zeer werkzame brug is dat je *verstaat* wat hij allemaal zegt. Het verstaan ligt in feite vóór het begrijpen. Natuurlijk versta je wat de ander zegt als je dezelfde taal spreekt. Nu bedoel ik het verstaan zoals dat in de Duitse taal *verstehen* heet. In de Duitse taal bestaat ook het woord begrijpen, maar verstaan is een andere bezigheid. Dat betekent dat je écht hoort en verstaat wat de ander zegt, maar je laat het niet toe tot je eigen begrippenkader, je blijft als het ware in de fenomenen van datgene wat de ander zegt, je blijft in de feiten en je interpreteert helemaal niet. Dat is een voorstadium van liefde en je zal merken dat je er geleidelijk aan steeds beter in slaagt om jezelf los te laten en je in het denken en spreken te verenigen met de ander.
Stel je maar eens voor dat je een gesprek zou hebben met iemand die dat kan. Die vormt geen oordelen, maar die blijft helemaal in het verstaan. Eindelijk is er iemand die echt luistert naar wat je te zeggen hebt en die in dat luisteren verstaat wat je zeggen wil.
Als je dat kunt, heb je geheel afstand genomen van de kritiek, van het oordeel. Er ontstaat geen positief oordeel, er ontstaat geen negatief oordeel, er ontstaat zelfs geen neutraal oordeel, er ontstaat helemaal geen oordeel. Het enige wat er ontstaat, is verstaan.

Het is een onbekende manier van communiceren en het zou kunnen zijn dat het ook als een gemis wordt beleefd, dat je niet oordeelt, alsof je je niet engageert, alsof je een soort meeloper bent met wat iemand zegt zonder daar een eigen standpunt in in te nemen.
Maar in de vriendschap is het eigen standpunt alleen gewenst wanneer daarom gevraagd wordt. Het kan natuurlijk gebeuren dat iemand jouw standpunt vraagt, bijvoorbeeld in een situatie waarin hij of zij raad nodig heeft. Dan is het alleen maar verstaan onvoldoende. Dan moet je datgene wat je verstaan hebt toch ook laten doordringen tot je begrippen en dan vanuit die begrippen een vorm van oordeel aan de ander teruggeven. Maar wanneer het verstaan tussen het luisteren en begrijpen in ligt, zal het begrijpen veel meer in overeenstemming zijn met wat de ander wilde zeggen en zal jouw oordeel ook werkelijk in de levenssituatie van de ander passen.
Dit vraagt natuurlijk een grote zorgvuldigheid en voorzichtigheid. Dat past niet in onze gesprekscultuur. Daar wordt er liever op los gepraat en dan zien we wel waar we uitkomen. Dat kan natuurlijk in bepaalde omstandigheden ook prima zijn, het kan zelfs onder vrienden heel gezellig zijn en dat aspect heb je in de vriendschap natuurlijk ook nodig.
Maar wanneer je een vriendschap wilt opbouwen, zal er niet veel tot stand komen wanneer je er niet toe komt om de woorden van de vriend, de vriendin ook werkelijk te verstaan. En het beperkt zich niet tot de woorden. Wat *niet* gezegd wordt zul je ook steeds beter verstaan.
Als je in een vreemd land bent, waar een vreemde taal gesproken wordt, die je maar een beetje kent, dan ben je helemaal op dat verstaan gericht, op het taalkundige. Het merkwaardige is dat je dan vaak vanuit de context, veel meer vanuit de omtrek, verstaat wat de ander in die vreem-

de taal zegt. Je komt helemaal niet toe aan het vormen van begrippen of een oordeel, want alle aandacht moet gaan naar het verstaan van wat er gezegd wordt. Je moet dan ook het *niet* gezegde waarnemen. De houding die je dan noodgedwongen inneemt is een goed voorbeeld voor de zielenhouding die je inneemt wanneer je je vriend of vriendin écht wilt verstaan.
Wanneer je dezelfde taal spreekt, is het taalkundige verstaan natuurlijk geen probleem. Maar de *bedoeling* verstaan ligt evenzeer in de context als bij diegene die een vreemde taal spreekt. De bedoeling verstaan vraagt dat je jezelf vergeet en je helemaal overgeeft aan wat zich daar in die ander afspeelt.
Het is natuurlijk lang niet altijd zo dat het ook werkelijk van belang is wat de ander zegt. Ook die toekomstige vriend of vriendin kan een hele hoop onzin vertellen en dan is deze vorm van luisteren natuurlijk een verkwisting van je aandachtsenergie. Maar dat leer je wel onderscheiden en de meeste mensen onderscheiden dat altijd!
De kunst is om op al deze dingen te leren letten. Een echte vriendschap is, hoe vrolijk en gelukkig die ook kan zijn, toch een serieuze zaak en uiteindelijk kom je er toch ook aan toe om de grens te raken van alles wat zichtbaar en hoorbaar is en een vermoeden te krijgen van wie dat eigenlijk is met wie je bevriend wilt worden.
Dan is het niet zozeer het raadsel van de persoon dat je bij elkaar heeft gebracht. Wanneer je eenmaal bij elkaar bent, begint dat wezen dat die ander is toch steeds meer te spreken.
Wanneer de ander dat met jou ook heeft, ontstaat er vriendschap. Dat kan niet uitblijven.
In de literatuur is iedereen het erover eens dat vriendschap wederkerig is. Er ontstaat geen vriendschap in één richting. Je kunt je nog zoveel moeite doen om iemand tot je

vriend of je vriendin te maken, wanneer die zelf geen stap zet wordt het niets.
De bevrediging van het verlangen naar begrip is een vrijwel zekere opening naar wederzijdse vriendschap.

OEFENING: Maak een week lang een oefening van het verstaan van je vrienden.

'De werkelijkheid van een ander mens ligt niet in wat hij je openbaart, maar in wat hij je niet openbaren kan. Wil je hem dus verstaan, luister dan niet naar wat hij zegt, maar veeleer op wat hij verzwijgt.'

Khalil Gibran (1883 – 1931)

'Help ons, dat wij meer ernaar streven te verstaan, dan verstaan te worden.'

Franciscus van Assisi (1181 – 1226)

HET MIDDEN

Het is natuurlijk niet de bedoeling dat je eerst een cursus moet volgen voordat je een vriendschap kunt sluiten. Ik wil alleen een aantal voor de hand liggende eigenschappen, gewoontes, bespreken die grondslag zijn voor echte vriendschap. Die vind je bovendien ook zelf, wanneer je je afvraagt: Wanneer beleef ik dat iemand echt een vriend of een vriendin is? Ik denk dat het woord *veiligheid* dan een belangrijke rol speelt. Wanneer je voortdurend op je hoede moet zijn voor hoe je je gedraagt, wat je zegt, wat je vindt, zoals je doet, dan voel je je niet veilig, dan voel je je blootstaan aan een examen dat de ander jou afneemt. Dat is natuurlijk extreem gezegd, zo heftig is het meestal niet. Maar op zich is dit wel de normale omgangsvorm, dat je je om de één of andere reden niet veilig voelt. In de vriendschap hoort die veiligheid er bij uitstek te zijn.

Wanneer voel je je veilig bij een ander mens? Ik heb al de waarachtigheid, de aandacht, het verstaan besproken. Maar er is nog iets wat van groot belang is, en wel dat je niet elk moment kunt worden opgeschrikt door onverwachte uitingen.

Wanneer je zegt: ik moet waarachtig zijn, dan zou dat kunnen betekenen dat je meent dat je ongeremd moet kunnen zeggen en doen wat in je opkomt. Dat is inderdaad wel waarachtig, maar dat is niet beheerst en die beheerstheid is eigenlijk een onderdeel van de waarachtigheid. Sommige dingen kun je niet zeggen, sommige dingen kun je niet doen. Doe je het toch, zeg je dat toch, dan is dat in het allerergste geval schaamteloos, het is op zijn minst indiscreet of tactloos. Tact en discretie zijn belangrijke eigenschappen als je met mensen echt een vriend wil zijn. Ze moeten je kunnen vertrouwen, ze moeten niet elk moment kunnen worden opgeschrikt door een of andere extreme uitspraak of toenadering. Er zijn mensen die werkelijk geïnteresseerd zijn in het wel en wee van de medemens, maar die daarin ongeremd zijn. Ze gaan als het ware bij de ander op schoot zitten om te luisteren naar wat hij te vertellen heeft en daar zijn de meeste mensen niet blij mee. Bovendien zeggen ze dingen die je liever niet gezegd krijgt, hoe goed bedoeld ook. Iemand die een heel enthousiast karakter heeft moet daar beslist op letten.

Wie heel direct is, heeft ook over het algemeen de eigenschap om te snel iets te zeggen of te doen. Er zijn ook mensen die zo van diepgaande contacten houden dat ze in gesprekken met mensen die ze helemaal niet zo goed kennen op dezelfde manier het gesprek voeren als met iemand die ze wel heel goed kennen.

Dat alles ligt in het gebied van de discretie en de tact. Tact is meer een beleefdheid, een eigenschap die aan de onwaarachtigheid zou kunnen grenzen. Discretie is meer zelfbewust en edel.

Als er ooit een tijdperk komt waarin alle mensen vrienden zijn, dan zullen die mensen elkaar niet alleen uitbundig liefhebben, maar ze zullen ook beschroomd zijn voor de onaantastbaarheid van de individualiteit, van het wezen.

Het wezen mag je wel aanschouwen, daar mag je aandacht voor hebben, je probeert het te verstaan, maar je mag je niet opdringen. Je zou moeten leren voelen dat er een zekere mate van eerbied moet bestaan voor de integriteit van de andere mens.

De vrijheid moet blijven bestaan, dat die ander kan geven wat hij of zij werkelijk geven wil en niet dat iets ontfutseld wordt door iemand die op een bepaalde manier toegang weet te krijgen. Je kunt ervan op aan dat wanneer die dan de deur uitgaat, de potentiële vriend of vriendin gefrustreerd achterblijft. Die heeft dan dingen gezegd of gedaan die hij of zij echt niet wilde, maar waartoe een soort verleiding bestond. Niet een lichamelijke verleiding is dat, maar een bepaalde manier van aanspreken die je ertoe brengt om dingen te zeggen of te doen die je eigenlijk niet wil zeggen of doen. Als dat heel sterk is dan is dat schaamteloos. Meestal is het zo sterk niet. Maar zo'n zoeker naar vriendschap zal moeite hebben om echte vriendschappen te sluiten. In het begin gaat het allemaal goed, maar zodra er iets van vertrouwdheid komt, ga je te ver en dan voelt die ander zich niet meer veilig, niet meer op zijn gemak en zal de blinden dicht doen of de ijskast openzetten - en je snapt niet waarom.

Het zoeken naar het goede in het leven is steeds weer het zoeken naar *het gouden midden in de waarachtigheid.* Je wilt dat je uitingen in overeenstemming zijn met wat je denkt en voelt, maar om in het midden te blijven moet je daarin beheerst zijn. Je moet de gevolgen van je woorden en je daden kunnen inschatten voor ze er zijn. *Aandacht* is een mooie eigenschap, maar ook daarin kun je te ver gaan. Stel je voor dat je iemand aandacht geeft door zijn blik te vangen, in de ogen te kijken en daar niet mee op te houden. Daar is niet iedereen van gediend. Je kunt ook in de aandacht zelf te lang doorgaan en zult altijd toch ook weer moeten terugkeren en *reageren* waaruit blijkt dat je die aandacht hebt gehad, anders wordt het een starre vertoning.

Hetzelfde geldt voor het verstaan en het begrijpen. Ik denk dat je niet ver genoeg kunt gaan in je wil om werkelijk door te dringen tot wat iemand bedoelt, niet alleen met woorden, maar ook met handelingen.

Toch moet er in een ontmoeting met mensen altijd een ritme zijn, van de een naar de ander, van de ander naar de een. Als daarin een eenzijdigheid optreedt, raak je ook uit het midden.

OEFENING: Overweeg: Het midden is van goud en dat is ook de echte vriendschap.

'De deugd houdt het midden tussen twee kwaden.'

Aristoteles (384 v.Chr. – 322 v.Chr.), Ethica Nicomachea

VERTROUWEN IN DE MENS

'Wanneer wij ons afvragen: Wat heb je het allermeest nodig, wanneer je in de toekomst een goed (moreel) mens wilt zijn? Dan kunnen we het antwoord geven: Mensenvertrouwen moet je hebben.'

Rudolf Steiner (1861 – 1925), GA217, p.96

Bij het ontstaan van vriendschappen is het egoïsme een heel grote hindernis. Door het egoïsme kapsel je jezelf in en woon je in een huis zonder vensters, maar met aan de wand talloze spiegels. Alles wat binnenkomt, spiegelt zich naar jouw aard en in feite leer je dus de wereld helemaal niet kennen, maar zie je de wereld voortdurend in een spiegelbeeld van jezelf. Dat is een heel trieste toestand en toch wil je niet van jezelf af. Uiteindelijk leidt dit, wanneer het extreem is, op hogere leeftijd tot dementie omdat het contact met de buitenwereld zo slecht onderhouden is dat je helemaal leeft in de zelfspiegelingen. De aandacht voor de buitenwereld gaat steeds verder en verder achteruit. Wat je in de jeugd nog aan kleine openingen hebt gehad bevindt zich in je herinnering, maar de recente ervaringen zijn op het moment van ontstaan ook alweer vergaan.

Een egoïst sluit geen vriendschappen behalve met zichzelf. Nu zijn de meeste mensen niet absoluut een egoïst, maar hebben een of meerdere raampjes naar buiten, waardoor het licht van het andere toch naar binnen schijnt. De straling van buitenaf kan zo frapperend zijn dat de spiegel niet werkt en de werkelijkheid echt tot je doordringt. Dat gebeurt in de liefde die berust op gebeurtenissen in het verleden.

Een grote egoïst zal niet bezig zijn met het zoeken naar een vriendschap op basis van de eigen activiteit, maar passief afwachten of iemand ziet hoe geweldig hij of zij is. Meer of minder egoïst zijn we natuurlijk toch allemaal. Het is in het zelfonderzoek van iemand die houdt van het sluiten van vriendschap van belang om dit spiegelingsproces te leren kennen. In de psychologie wordt het ook wel projectie genoemd. Dat betekent dat je alles wat je ervaart, interpreteert naar je eigen kader en als het ware over het andere heen stulpt. Dat is hetzelfde proces, maar anders beschreven.

Een vriend moet de liefde kennen en de liefde is geen egoïsme.

Nu kun je natuurlijk het hele ego van de hand wijzen en proberen om totaal egoloos te worden. Maar het woord zelfzucht betekent een verlangen naar het zelf. Je kunt met evenveel recht zeggen dat je de zelfzucht pas kunt opgeven als je het zelf gevonden hebt. Heb je dat eenmaal gevonden, dan kun je het naar willekeur laten gelden of het terugnemen.

Een egoïst vertrouwt in feite alleen zichzelf, want die kent de buitenwereld niet en alles wat vreemd is, wordt gewantrouwd. De vriend daarentegen zoekt de ander zoals die is en streeft er juist naar om zich volledig met dat vreemde andere te identificeren, zodat het *ik een jij* wordt en het *jij een ik.*

Dat kan alleen wanneer als uitgangspunt het volledige *vertrouwen* in de andere mens wordt gekozen. Dat betekent dat je je behoedzaamheid opgeeft, dat je het risico neemt dat je slecht wordt behandeld of wordt belogen. Je gaat ervan uit dat die ander niet zo zal zijn, dat die jou niets slechts zal laten overkomen.

In de omgang met mensen voel je die mogelijkheid van gekwetst worden altijd. Niet dat alle mensen boze opzet hebben, maar alle mensen zijn in zekere zin ook egoïst en kunnen je ook volkomen ongewild kwaad doen. Daarvoor ben je op je hoede, dat lijkt een overblijfsel uit de tijd dat de menselijke ziel nog een sterk dierlijk karakter had dat er moest zijn om terrein af te bakenen, en de macht en onmacht te bevechten. Dat zijn dierlijke processen die in de menselijke omgang geen plaats meer hebben, maar die natuurlijk toch wel voortdurend door alles heen willen dringen.

Als vriend moet je daar niet bang voor zijn. Misschien is het wel nodig om er bang voor te zijn, maar dat zal je toch moeten vergeten en je volledige vertrouwen aan de ander moeten geven - zoals je hopen mag dat die ander ook met jou doet. Eerder heb ik dat *veiligheid* genoemd. Nu noem ik het *vertrouwen.*

Vertrouwen zit in je hart. Dat moet opengaan en het wezen van de ander, maar ook de zwakheden, volledig accepteren. Het is heel goed mogelijk dat je dat niet kunt. Dan is een echte vriendschap met die persoon niet mogelijk. Zoals het lot je mensen brengt met wie je vanuit de werking van die ander vriendschap voelt, zo brengt het lot je natuurlijk ook mensen voor wie je met geen mogelijkheid vriendschap kunt voelen. Dat kun je aanvaarden of niet. Een hoogontwikkelde ziel zal het mogelijk klaarspelen om een natuurlijke antipathie in een sympathie om te vormen. In bepaalde gevallen is het zeker de moeite waard om dat te proberen. Het kan zelfs *nodig* zijn om dat te proberen. Maar het is natuurlijk ook duidelijk dat het ideaal *alle mensen worden vrienden* in onze tijd nog niet te verwerkelijken is. Daar staat tegenover dat je ook niet tevreden hoeft te zijn met de vriendschappen die je in passieve zin als het ware in de schoot vallen. Je kunt het ideaal *alle mensen worden vrienden* hebben en zien hoe ver je komt, wanneer je vriendschap cultiveert.

In de natuur zijn bepaalde planten in bepaalde streken thuis. Toch is het vaak mogelijk, en gebeurt het ook, dat bepaalde planten uit hun thuis worden meegenomen naar andere streken, daar worden gecultiveerd en dan blijken daar ook te kunnen gedijen. Zo is het ook met vriendschap.

Leer je de wezenskenmerken van vriendschap kennen, dan kun je die cultiveren met veel mensen. Het open hart van het vertrouwen is daarbij nodig en dat moet je durven, daar is *moed* voor nodig, om je kwetsbaar op te stellen en geen angst te hebben.

Het is onder mensen onvermijdelijk dat zij elkaar kwetsen. Dan kun je altijd nog zien hoe je verder gaat, of die kwetsingen te repareren zijn en je alleen maar verder gekomen bent in je vriendschap, of dat een verdere ontwikkeling van vriendschap onmogelijk is.

Je zult ook meemaken dat de ander in een groeiende vriendschap jou niet vertrouwt. In zo'n geval valt er veel over vriendschap te leren, want je kunt dan in je eigen belevingen meemaken wat vriendschap eigenlijk is, omdat je zelf ervaart, dat die vriendschap die je iemand wil toedragen verwond wordt.

OEFENING: Een hele week uitsluitend mensenvertrouwen!

Echte vriendschap op zich is een ideaal. Vriendschap met alle mensen is een ideaal voor de toekomst, dat verder gaat dan *alle mensen worden broeders*.

HINDERNISSEN

Er zijn natuurlijk talloze hindernissen die een vriendschap in de weg staan. De belangrijkste hindernis is dat de gezochte vriend niet wil en aangezien een vriendschap alleen maar kan bestaan bij wederkerigheid, sluit de onwil van een van de twee een vriendschap uit. Soms kan het zijn dat je heel sterk de wil voelt om die onwil te overwinnen. Dat valt natuurlijk te proberen en ik geloof ook wel dat, wanneer dat lukt, de vriendschap die dan ontstaat heel sterk en diep is. Maar meestal betekent onwil van een van de twee dat je het eenvoudigweg moet opgeven.

Dan zijn er natuurlijk andere mensen die een hindernis kunnen zijn. Er zijn mensen die er belang bij hebben dat die vriendschap niet bestaat, niet ontstaat. Een partner bijvoorbeeld kan met lede ogen aanzien dat de vriend of de vriendin nog met iemand anders een band heeft.

Het kunnen ook zakelijke belangen zijn die maken dat een vriendschap tussen bepaalde mensen niet gewenst is.

Zo kun je verschillende oorzaken voor het niet ontstaan van een vriendschap vinden in de belangen van andere mensen. Het is altijd de vraag of je in zulke gevallen niet eenvoudigweg moet terugtreden.

Een wens naar vriendschap is beslist niet hetzelfde als een verliefdheid. Vriendschap heeft met een lichamelijke relatie in eerste beginsel helemaal niets te maken. Je zou dus werkelijk met iedereen vriend moeten kunnen en mogen zijn. Maar zover zijn wij mensen nu eenmaal nog niet. Er zijn bepaalde dingen die zo onmogelijk lijken te zijn dat je er maar beter van af kunt zien.

Vriendschap kan ook vanzelf ontstaan, tussen mensen

die oorspronkelijk toch een vrij neutrale verhouding tot elkaar hadden. Dat kan gebeuren doordat je bepaalde dingen samen doet, waardoor je wederzijds merkt dat je met een buitengewoon waardevol iemand te maken hebt, met wie je graag in contact zou willen blijven, ook wanneer de samenwerking of het samen doen voorbij is. Dan zijn het vaak de uiterlijke levensomstandigheden die de hindernis vormen om zo'n vriendschap in leven te houden.

Zo gaat dat ook met vakantievriendschappen. Vaak lukt het toch niet om, eenmaal terug in het alledaagse leven, zo'n buitengewoon contact dat in de vakantie eeuwig leek te zijn, in stand te houden. Gebeurt dat wel, dan zijn dat ook vaak diepe en waardevolle vriendschappen.

Gebeurtenissen in het leven kunnen ook hindernissen zijn die optreden terwijl een vriendschap groeit. Die kunnen zelfs de vorm van beproevingen aannemen. Ze lijken de goede wil in de vriendschap te beproeven.

Wat natuurlijk vaak gebeurt, is dat iemand anders komt die iets gaat vertellen over de vriend of vriendin. Iets wat heel negatief is. Wanneer dat gebeurt, vraag je je natuurlijk af: Waarom doet diegene dat? Is daar sprake van een zekere jaloezie? Is er een drang om de ontkiemende vriendschap te vernietigen? Of is het een terechte waarschuwing?

Dat laatste zou ik niet willen geloven, omdat je in een opbloeiende vriendschap geen waarschuwingen nodig hebt. Je bent juist bezig je volle vertrouwen te geven. Als er iets niet te vertrouwen is, dan kom je daar in de loop van de tijd wel achter - hoe pijnlijk dat dan ook zal zijn.

Wanneer je, terwijl je nog niet helemaal met elkaar vertrouwd bent, al met wantrouwen geconfronteerd wordt, wordt het heel moeilijk om in een gezond proces te blijven.

Het volbewust zoeken naar vriendschap met iemand kan van tijd tot tijd het gevoel geven dat je met luchtkastelen bezig bent, met fantasie, met buiten de werkelijkheid liggende mogelijkheden. Als zulke gevoelens en gedachten opkomen, heb je met innerlijke hindernissen te maken. In onze tijd moet alles nuchter en goed gedocumenteerd zijn. Hoe vaak hoor je niet: Onderzoek heeft uitgewezen... ?

Wat ik nu bespreek over het ontstaan van een gewilde vriendschap kan heel gemakkelijk worden tegengesproken, misschien wel met een onderzoek dat heeft uitgewezen dat zoiets niet kan. Doe maar gewoon, dan doe je al gek genoeg. Het idealiseren van een medemens is een belachelijke zaak... Zulke gevoelens en gedachten kunnen makkelijk opkomen en je ertoe brengen je pogingen op te geven.

Het is natuurlijk ook absoluut niet zinvol om verwoede pogingen te doen. Je leert iemand kennen en zou daartegenover onverschillig kunnen blijven. Maar je voelt dat er ook een mogelijkheid bestaat om vriendschap met die persoon te sluiten in de ontmoetingen die je dan vervolgens hebt. Als blijkt dat die ander ook graag met jou omgaat, geef je de gelegenheid om meer te betekenen voor die ander dan een gewone kennis. Maar op het moment dat dat geforceerd is, vertrap je de kiem van een vriendschap ook. Die moet uit zichzelf kunnen gedijen en het enige wat jullie kunnen doen is de omstandigheden zo laten zijn dat groei en bloei ook mogelijk zijn.

Alles wat je te weinig doet, verhindert de vriendschap, maar alles wat je te veel doet, benauwt de vriendschap.

Het willen sluiten van vriendschap met iemand betekent *zelfopvoeding*. Je wilt een goede kameraad zijn op de levensweg en dat vraagt in alles dat je zelf geen hindernis bent, maar iemand die laat zien wat een echte medemens betekenen kan.

OEFENING: Wees een hele week geen hindernis!

'De jaloezie van vrienden richt mij te gronde, niet de haat van vijanden.'

Friedrich von Schiller (1759 – 1805)

SYMPATHIE OF LIEFDE

We hebben een ruim zicht op vriendschap gekregen en ook op hoe je een vriend van een vriend kunt zijn of worden. Wanneer we vriendschap in de diepte gepeild hebben, dan weten we dat de kern daarvan het ware wezen van de ander is en dat dat veel belangrijker is dan alle eigenschappen waar je mee te maken krijgt. Uiteraard zie je het ware wezen ook in het uiterlijk.

Iedereen zal de ervaring wel hebben dat je iemand tegen kunt komen en daar een schok van kunt krijgen, hoewel je die persoon nog nooit hebt gezien en dus ook helemaal geen schok zou hoeven te krijgen. Je krijgt wel een schok van herkenning. Dan weet je nog helemaal niet wat voor eigenschappen die persoon heeft en toch kan het zijn dat je je onweerstaanbaar daartoe aangetrokken voelt. Het is het wezen van die ander, dat je tot diegene aantrekt. Als het niet op het lot berust, maar als het ware een nieuwe ontmoeting is met iemand waar je geen gecompliceerd verleden mee hebt, dan kan het toch nog zijn dat de aard van het wezen van de ander je onweerstaanbaar aantrekt, zonder dat je nu direct verliefd moet worden. Het is een aangename aantrekking, die maakt dat je graag nader kennis zou maken met die persoon. Dat is dan geen liefde op het eerste gezicht, maar het is wel sympathie. Voor de vriendschap is het wel belangrijk om die twee gevoelens en impulsen te onderscheiden. Het verschil tussen sympathie en ware liefde.

Wanneer je heel veel sympathie voor iemand hebt dan noem je dat ook liefde. Ik hou van jou, ik hou van haar, ik hou van hem... dat betekent dat je die ander een aangename persoon vindt met wie je graag te maken hebt. Dat is natuurlijk een heel goede basis voor vriendschap en zeker als die ander dat ook heeft. Het kan een volledig lichaamsvrije aantrekkingskracht zijn. Sympathie betekent dat je het wezen van de ander meevoelt en dat er niet iets is wat je daarin zo afstoot dat het een afstotende beweging op zich wordt. Het is een aantrekkende beweging. Dat is echter geen voorwaarde voor vriendschap, zoals we gezien hebben bij de vriendschap tussen Goethe en Schiller.

Liefde is toch nog iets heel anders. Voor liefde heb je niet een sterke sympathie nodig. De barmhartige Samaritaan die langs de man komt die zwaargewond aan de kant van de weg ligt heeft geen gelegenheid om die persoon aantrekkelijk te vinden of niet. Die is geraakt door het lijden en wil zich daarom moeite doen om dat lijden te verlichten. Dat is liefde. Liefde is veel meer dan een gevoel, die uit zich in een daad. Wanneer je liefde voor iemand voelt, is dat meestal sympathie, daar gaat een zeker genot mee gepaard. Ware liefde heeft dat allemaal niet nodig, liefde is een kracht die maakt dat je jezelf volledig opzij kunnen zetten en je kunt overgeven aan het lot van de ander. Natuurlijk is die liefde pas echte liefde wanneer die ook met mate gegeven wordt, dat wil zeggen in het juiste midden gehouden wordt. Niemand wil met ongewenste liefde overgoten worden, dan is het geen liefde meer. Liefde is voorzichtig en houdt rekening met de aard van degene die de liefde ontvangt.

Echte liefde is geheel onzelfzuchtig en daarom is liefde niet in alle gevallen ook aangenaam. Het kan zijn dat je wilt meelijden met het lot van iemand en dat niet alleen in het gevoel wilt doen, maar dat je een stuk leven van die ander ook op je wilt nemen. Dat is liefde. In de religieuze geschiedenis zijn daar veel voorbeelden van. Van vrouwen en mannen die uiteindelijk heilig verklaard zijn, omdat ze zichzelf geheel en al konden vergeten en met voorbijzien van alle burgerlijke moraal caritas bedreven. Dat behoort in onze moderne tijd tot de geschiedenis en dan ook nog tot de katholieke geschiedenis, maar die hoef je niet weg te werpen, die is er nu eenmaal. Je kunt heel veel leren van die extreme voorbeelden van zelfverzaking.

In onze tijd waarin het zelfbewustzijn ontwikkeld wordt, is het een ware kunst om, terwijl dat zelfbewustzijn intact blijft, je toch te geven in liefde aan een ander mens. Dat is moeizaam, dat vraagt inzet, dat levert misschien verdriet op en pijn - vaak ook geluk en vreugde. Maar je bent niet bezig met het heil van je eigen leven. Sympathie is een voorstadium van de liefde, maar is niet de liefde.

Dat is in de vriendschap heel belangrijk. Er moet natuurlijk ergens sympathie voor zijn, anders kan er geen vriendschap ontstaan. Maar de vriendschapstrouw vraagt ook liefde. Dan is sympathie niet genoeg.

Met sympathie kun je samen aan een tafeltje in een restaurant zitten, of naast elkaar in een concertzaal, of op een wandeling door de natuur gehuld in wederzijdse sympathie in gesprek over wederzijdse idealen, in uitwisseling over wederzijdse interesse... Dat is vriendschap in de sfeer van de sympathie. Maar in geen enkel leven is er alleen geluk, het brengt ook voor iedereen ongeluk. Dan wordt de vriendschap beproefd, of die echt is. Als je het te druk hebt om de vriend of de vriendin in nood te steunen of te redden, dan is die proef mislukt. De moeilijkheden in het leven van de vrienden zijn niet sympathiek, het kunnen zelfs gebeurtenissen zijn die jij had zien aankomen, omdat je al zag dat die ander bepaalde dingen echt verkeerd deed. Als het dan misloopt, zou je geïrriteerd kunnen zijn, antipathie kunnen voelen over het feit dat het nu inderdaad gebeurt wat je allemaal al voorspelde. Dat zijn beproevingen voor de vriendschap, want het gaat er niet om dat jij jouw leven in de plaats stelt van het leven van die ander en zegt: Ik zou het zo niet gedaan hebben - maar het gaat erom dat je kijkt naar wat er gebeurt en dat je als vriend of vriendin er dan bent, hoe dan ook. Zulke beproevingen liggen in heel kleine dingen, liggen ook in grote gebeurtenissen en geen mens zal die beproevingen honderd procnt doorstaan. Maar het zal ook hier zo zijn dat je met een zes toch geslaagd bent. Je vergeeft elkaar natuurlijk ook heel veel, dus als jouw vriend of vriendin wanneer je in nood bent juist dan niet thuis is, dan wacht je wel een volgende keer af en dan zal het weer heel anders zijn.

Er zijn heel veel woorden voor de eigenschappen die je in een vriendschap inzet, omdat je vrienden bent. De liefde is het uiterste woord. Daarin wordt alles gevraagd en niets gegeven, maar dat geldt aan twee kanten. Als het goed is blijft de verhouding daardoor in evenwicht.

OEFENING: Overweeg:
Sympathie ligt vooral in het gevoel.
Liefde ligt veel meer in de wil.

De weg der liefde

'Al ware het, dat ik de talen der mensen en der engelen sprak, en de liefde niet had, zo ware ik een klinkend metaal, of luidende schel geworden.

En al ware het dat ik de gave der profetie had, en wist al de verborgenheden en al de wetenschap; en al ware het, dat ik al het geloof had, zodat ik bergen verzette, en de liefde niet had, zo ware ik niets.

En al ware het, dat ik al mijn goederen tot onderhoud der armen uitdeelde, en al ware het, dat ik mijn lichaam overgaf, opdat ik verbrand zou worden, en had de liefde niet, zo zou het mij geen nuttigheid geven.

De liefde is lankmoedig, zij is goedertieren; de liefde is niet afgunstig; de liefde handelt niet lichtvaardiglijk, zij is niet opgeblazen;

Zij handelt niet ongeschiktelijk, zij zoekt zichzelve niet, zij wordt niet verbitterd, zij denkt geen kwaad;

Zij verblijdt zich niet in de ongerechtigheid, maar zij verblijdt zich in de waarheid;

Zij bedekt alle dingen, zij gelooft alle dingen, zij hoopt alle dingen, zij verdraagt alle dingen.

De liefde vergaat nimmermeer; maar hetzij profetieën, zij zullen te niet gedaan worden; hetzij talen, zij zullen ophouden; hetzij kennis, zij zal te niet gedaan worden.

Want wij kennen ten dele, en wij profeteren ten dele;

Doch wanneer het volmaakte zal gekomen zijn, dan zal hetgeen ten dele is, te niet gedaan worden.

Toen ik een kind was, sprak ik als een kind, was ik gezind als een kind, overlegde ik als een kind; maar wanneer ik een man geworden ben, zo heb ik te niet gedaan hetgeen eens kinds was.

Want wij zien nu door een spiegel in een duistere rede, maar alsdan zullen wij zien aangezicht tot aangezicht; nu ken ik ten dele, maar alsdan zal ik kennen, gelijk ook ik gekend ben.

En nu blijft geloof, hoop en liefde, deze drie; doch de meeste van deze is de liefde.'

De brieven van de apostel Paulus, 1 Korinthiërs 13

HET OMKEREN VAN DE WIL

We hebben nu in het tweede deel gesproken over vriendschap die je bewust zoekt met mensen waar die niet spontaan ontstaat. De vraag is: Als je vriendschap met iemand hebt en er gaat in de verhouding iets volledig mis, waardoor die ander niet meer verder wil en de vriendschap verbreekt, hetzij door openlijk ruzie te maken, hetzij door alle verdere afspraken te ontwijken, dan is de vraag of een dergelijke onwil nog om te keren is in een 'toch weer willen'. Dat lijkt hetzelfde te zijn als een vriendschap te willen beginnen met iemand bij wie dat niet voor de hand ligt, maar het is natuurlijk werkelijk iets heel anders. Als je een lotsverhouding met iemand hebt, dan spelen naast de gebeurtenissen altijd gevoelens en wilsimpulsen een rol die je niet met de rationaliteit kunt verklaren. Zo kan een sympathie omkeren in een heftige antipathie, zelfs zonder dat daar een directe aanleiding voor is. Omdat vriendschap altijd wederkerig is, houdt de vriendschap op dat moment in feite op, ook al ga je nog verder met elkaar om. Je kunt zelfs met elkaar om blijven gaan en dezelfde dingen blijven doen, dezelfde gesprekken voeren, terwijl de sympathieband die er was verbroken is. De vraag is dus: Laat die antipathie zich in sympathie omvormen?

Wanneer degene die de antipathie heeft dit *wil*, dan is dat natuurlijk mogelijk. Maar wanneer die volhardt in de afweer, wat zou je dan moeten doen om de toegang tot de ander te herstellen? De enige toegang lijkt me het gesprek. Je moet dan de moed opbrengen om recht op het doel af te gaan en te proberen in het bewustzijn te krijgen wat er nu precies veranderd is. Vaak weet de ander dat zelf ook helemaal niet. Het is als een natuurgeweld, als en dreigend onweer, dat je ook niet zomaar ongedaan kunt maken.

Maar onder mensen is het gesprek wel echt een tovermiddel. Het is misschien mogelijk om te bespreken wanneer die antipathie voor het eerst echt opstak. Uiteraard zijn vleugen van antipathie in elke verhouding aanwezig, terwijl naarmate de verhouding langer duurt die vleugjes steeds meer en meer overwonnen worden. Treedt dan toch een heftige antipathie op, dan zou het wonderbaarlijk zijn wanneer je daarover samen zou kunnen praten. Is het terug te vinden op welk moment die antipathie de kop opstak? Lukt het om dat moment samen te vinden? Zelfs als het herinneren van dat moment pijnlijk wordt, dan is het bewust worden van de oorsprong van de antipathie tegelijk een opheffen ervan. Antipathie kan net als een depressie groeien, doordat er niets tegenover wordt gesteld. Als je niet weet waaraan je lijdt, wordt het lijden steeds groter. Het lijkt me dat de moed tot een open en eerlijk gesprek het enige redmiddel is. Wordt het afgewezen of lukt zo'n gesprek niet, dan moet het geduld de genezende factor zijn. Je neemt dan afstand van elkaar en misschien komt er ooit een moment dat de oude band weer kan worden gevoeld.

Het is duidelijk dat in het menselijke verkeer in de vriendschap en in de liefde niet alleen het geluk schuilt, maar ook het allerdiepste verdriet. Het verlies van een mens met wie je het goed hebt gehad, met wie je bevriend was, is als een sterven. Daar staat tegenover dat wanneer het lukt om zo'n stervensproces te overwinnen, het geluk dan groter is dan daarvoor.

Is het uiteengaan als een sterven, het overwinnen van het uiteengaan is als een opstanding.

Ik geloof niet dat er een andere methode is om groeiende antipathie te overwinnen dan het gesprek. Dat geldt ook voor liefdespartners. Wanneer zij niet waakzaam zijn voor het opsteken van antipathie en niet zodra die opsteekt een gesprek daarover beginnen, dan gaat de antipathie de zege behalen en de relatie is kapot. Mensen die niet met elkaar kunnen praten over hun gevoelens voor elkaar, zonder daar onmiddellijk opnieuw ruzie over te krijgen, kunnen geen liefdesvrienden van elkaar zijn. Je kunt het dan wel in een gewoonteleven met elkaar uithouden, maar dat is geen vriendschap en al helemaal geen liefde.

OEFENING: Ga een week lang bij elke onvrede een gesprek aan, niet om je verhaal te halen, maar om in harmonie te komen.

'Wat is heerlijker dan goud?' vroeg de koning.
'Het licht', antwoordde de slang.
'Wat is verkwikkender dan licht?' vroeg de koning.
'Het gesprek', antwoordde de slang.

Uit het sprookje van Goethe *Van de groene slang en de schone Lelie*

DAADKRACHT

Vrienden doen alles voor elkaar, ze geven zelfs hun leven voor elkaar. De vriendschap dringt door tot in de handeling, tot in de daad. Je helpt elkaar als broeders en zusters. Broeders hoeven geen vrienden te zijn. Vrienden zijn altijd broeders.

De Vlaamse strip *Suske en Wiske* eindigde vroeger vaak met:

'Daar alleen kan liefde wonen,
Daar alleen is het leven goed,
Waar men stil en ongedwongen,
Alles voor elkander doet.'

Heel simpel. Maar oh zo moeilijk. Want in het doen ligt toch altijd een hele wereld. Een handeling is nooit ontdaan van gevoel en van gedachten. Mensen denken dat ze in zichzelf besloten zijn met hun gevoelens en gedachten, maar sensitieve mensen bewijzen dat de gevoelens- en gedachtewereld onder de mensen een eenheid is. Wanneer je met mensen samen bent, dan voel je wel degelijk ook wat een ander voelt. Het denken is moeilijker te constateren, maar het voelen is eigenlijk voor iedereen toegankelijk. Naarmate je meer in je eigen gevoel besloten bent, heb je daar wel minder last van.

Het feit dat de gevoelswereld een eenheid is - hoewel die in zekere zin ook weer afgezonderd is in jezelf - maakt dat wanneer iemand een daad voor jou verricht, het erop aankomt dat de gevoelens tijdens die daad jou niet belasten.

De lucht is ook een element dat van ons allemaal is en toch nemen we daar iedere keer een deel van in ons op met de inademing, en geven het weer terug met de uitademing.

Zoiets is er met het gevoel ook werkzaam. Onder vrienden ben je elkaar goed gezind, maar op een gegeven moment heeft een van de twee hulp nodig en de ander geeft die. Onder vrienden lijkt het me niet mogelijk dat de gevoelens niet gezamenlijk zouden zijn. Je kunt je gevoelens nog zo goed verbergen achter een vrolijk gezicht en een daadkrachtige handeling, wanneer ze eigenlijk negatief zijn, voelt de ander dat. Dat is in het leven met de daad een nogal onontkoombaar gegeven. De ander voelt ook wanneer de vriend een daad verricht en daar trots op is, of er het gevoel van krijgt: Kijk eens wat een liefdevolle persoon ik ben! Dat valt natuurlijk in het bereik van de onwaarachtigheid. Maar wij mensen zijn nu eenmaal niet volmaakt en we kunnen ook in de vriendschap wel eens uitglijden. '*Daar alleen kan liefde wonen, daar alleen is het leven goed, waar men stil en ongedwongen alles voor elkander doet.*' Dat men 'alles voor elkander doet' is de ene helft van de daad, maar 'stil en ongedwongen' ... dat is het moeilijkst.

Het doen ligt in het bereik van het offer. Als je naar iemand luistert, kun je dat beleven als het offer van je aandacht, maar aandacht geef je wanneer je dat kunt toch vrij gemakkelijk, het is een zielensubstantie. Maar echt iets *doen* betekent dat je er zelf even niet bent, dat je er geen nut van hebt, dat je het vuur van je wil helemaal ter beschikking stelt van de ander. Dat kan een mens alleen opbrengen wanneer het welzijn van de ander voorop staat. Als je gelukkig wordt van het feit dat je die ander een stukje geluk brengt door iets voor hem of haar te doen, dan is het werkelijk een oprechte en waarachtige overgave. Als je het alleen doet met zware armen en benen, terwijl je gedachten en gevoelens voortdurend zeggen: Ik moet dat wel doen, maar eigenlijk zou ik dit of dat willen doen - dan is er van offer geen sprake. Dan heb je ook uit het oog verloren waar het eigenlijk om ging. Het ging er immers niet om dat je tegen jezelf kunt zeggen, dat je weer een keer zo goed bent geweest om wat voor een ander te doen. Het ging erom de ander een zeker welbehagen te bezorgen. Ook als de vriend niks laat merken, niks zegt, kun jij er natuurlijk van overtuigd zijn dat er wel dankbaarheid is voor wat je doet. Maar ook daar moet het niet om gaan. '*Stil en ongedwongen*', niet belast met een rugzak vol frustratie dat jij weer degene bent die het moet doen. Maar een echte wil om te doen. Of dat nu een boodschap is of een week lang ziekenverzorging. Of je je vriend of vriendin die in nood is bij je in huis neemt of dat je een bezoekje aflegt. Dat maakt voor de intentie van de daadkracht niet uit. Het gaat erom wat er op een bepaald moment nodig is. Je zult ook niet gaan vergelijken en tegen jezelf zeggen: Nou, ik zou nog wel eens willen zien wat er gebeurt als ik zoiets heb, of hij of zij mij dan ook zo te hulp schiet zoals ik dat nu doe. Het zijn allemaal menselijke gedachten en gevoelens. Maar in een ware vriendschap zijn ze niet op zijn plaats.

Toch hoort het natuurlijk allemaal erbij, hoort het ook bij de vriendschap, dat je dergelijke met gevoel belaste daden van elkaar dan vervolgens ook weer verdraagt.

In het gebied van het dingen doen voor elkaar ligt toch een grote uitdaging.

OEFENING: Deze week zou je eens volbewust 'alles voor elkander kunnen doen, stil en ongedwongen'.

BEZINNING

In dit boekje heb ik een poging gedaan om de vriendschap te beschrijven, vriendschap die op toeneiging berust, en vriendschap die uit vrije wil ontstaat.

Een beschrijving van vriendschap kan natuurlijk nooit volledig zijn. Wanneer je dat zou nastreven dan zou je misschien een hele bibliotheek vol boeken moeten schrijven en dan zou het ook niet eens meer interessant zijn.

Wanneer je aan iemand die nog nooit een roos heeft gezien een roos zou willen beschrijven, zodat hij daar een echte voorstelling van krijgt, dan zou je ongelooflijk veel details moeten geven en dan nog zou je tenslotte zeker weten dat die ander zich wel iets zou voorstellen, maar dat dat niet in overeenstemming zou zijn met de echte roos. Je kunt met het voorstellen niet komen tot een wezenlijke gelijkenis, wanneer je het wezen niet kent. In zo'n situatie zijn we met betrekking tot de vriendschap niet, want vriendschap is een menselijke eigenschap die aan niemand vreemd is. Dus wanneer je vriendschap beschrijft, betekent dat alleen maar dat je het bekende in het bewustzijn brengt - en misschien door bepaalde aspecten meer te benadrukken de lezer op het belang van die bepaalde aspecten in de vriendschap wijst.

Zoals ieder mens ademt om in leven te kunnen blijven, zo heeft de ziel de vriendschap nodig. Zoals je niet hoeft te weten hoe de ademhaling plaatsvindt om te ademen, zo hoef je ook niet precies te weten hoe vriendschap tot stand komt om die te hebben.

Maar we leven in de tijd waarin de mens in het innerlijk de behoefte heeft om zichzelf steeds beter te leren kennen en in de hand te nemen. In dat licht staat deze beschrijving van de vriendschap. Vriendschap is een van de grootste geschenken die de mens heeft ontvangen. Het vermogen tot vriendschap is een geschenk en wanneer je een ander mens jouw vriendschap schenkt, dan ligt jouw schenkende gave in het verlengde van die gave die je zelf hebt ontvangen.

Zelfs mensen van wie bekend is dat zij slecht zijn, kennen de vriendschap en vaak zelfs heel uitgesproken. We kunnen denken aan bepaalde criminele groeperingen waarin de vriendschap toch een heel belangrijke rol speelt. Alleen is het daar natuurlijk wel zo dat die aan bepaalde wetten gebonden is. Zou je je daar niet aan houden, dan zou je kunnen overkomen dat de vriendschap ijzig wordt en laat zien dat het toch niet een echte menselijke vriendschap geweest is. Echte vriendschap wordt niet verbroken. Er kan een tijd zijn dat er geen mogelijkheid is om met elkaar om te gaan. Daarmee is de vriendschap niet verbroken. De vriendschap is een menselijke grootsheid en die hangt samen met hoofd, hart en wil. Zonder verstand en wijsheid is er geen echte vriendschap. Zonder een warm hart evenmin. Wanneer de goede wil en de standvastigheid ontbreken, de trouw, dan is een echte vriendschap ook niet mogelijk.

Maar zelfs als die drie pijlers van de vriendschap in de mens te zwak zijn, dan zullen er toch in dat mensenleven zwemen van vriendschap zijn.

Echte vriendschap overstijgt de verliefdheid, hoewel de romantiek van de verliefdheid de vriendschap weer overstijgt. Verliefd word je niet op iedereen. Dat zou ook niet een streven moeten zijn. Maar dat alle mensen ooit vrienden zouden kunnen zijn, is natuurlijk wel een hoog en gerechtvaardigd streven.

Je zou willen dat je dichter was, en een ode aan de vriendschap zou kunnen schrijven. Nu moeten we dat achterwege laten. Ik beperk me tot die ene zin van Schiller waarin gezegd wordt dat je een vriend van een vriend kunt zijn.

Daarmee is de wederkerigheid van de vriendschap gekarakteriseerd.
Uiteraard heeft deze bezinning op vriendschap beperkingen. Ik heb vriendschap beschouwd als een speciale band tussen mensen, die geen partners hoeven te zijn. Een speciale band met dieren bestaat ook, maar die moet een andere benoeming krijgen, het woord vriendschap is hier niet op zijn plaats. Vriendschap tussen kinderen is evenmin voorbeeld voor de volle volwassen vriendschap, maar wel een begin ervan en een aanknopingspunt om de volwassen vriendschappen te doorschouwen.

Er zijn in de geschiedenis voorbeelden van vriendschap te vinden. In het hoofdstuk na de bezinning geef ik enige voorbeelden.
Hier geef ik een indruk weer hoe de romantische schrijver Novalis over zijn vriend Schiller schrijft, die hij op een meesterlijke wijze idealiseert. Hij roept min of meer uit, dat de hogere wezens, zoals de engelen, die niet in een fysiek lichaam op aarde kunnen incarneren, een vurige wens krijgen om dat wel te kunnen. Waarom? Omdat ze dan de geïncarneerde mens Schiller op aarde zouden kunnen meemaken! Als je toch met zoveel liefde en hoogachting naar je vriend kunt opzien...

Moge de inhoud van dit boek vele mensen in vuur en vlam voor de vriendschap zetten, gesteund en versterkt door de oefeningen die elk hoofdstuk begeleiden.

BEROEMDE VRIENDSCHAPPEN UIT DE GESCHIEDENIS

De legendarische vriendschap tussen **David en Jonathan**, de zoon van Saul.

Boek Samuel 18, Oude Testament:

'Het geschiedde nu, als hij geëindigd had tot Saul te spreken, dat de ziel van Jonathan verbonden werd aan de ziel van David; en Jonathan beminde hem als zijn ziel.
En Saul nam hem te dien dage, en liet hem niet wederkeren tot zijns vaders huis.
Jonathan nu en David maakten een verbond, dewijl hij hem liefhad als zijn ziel.
En Jonathan deed zijn mantel af, dien hij aan had, en gaf hem aan David, ook zijn klederen, ja, tot zijn zwaard toe, en tot zijn boog toe, en tot zijn gordel toe.'

Thomas van Aquino en Reginald van Piperno

Reginald werd geboren in Piperno rond 1230. Sinds 1927 is deze stad in de regio Lazio in Midden-Italië Priverno. Hij trad in de Dominicaanse Orde in Napels. Thomas van Aquino koos hem rond 1265 in Rome tot zijn socius en biechtvader. Vanaf die tijd was Reginald Thomas' constante en intieme metgezel.
Thomas droeg verschillende van zijn werken aan Reginald op.
In 1272 begon Reginald met Thomas les te geven in Napels. Hij woonde het sterfbed van Thomas bij, ontving zijn algemene biecht en sprak in 1274 de begrafenisoratie

uit. Hij keerde terug naar Napels en volgde waarschijnlijk de leerstoel van zijn meester op. Hij stierf rond 1290.
Reginalds getuigenis wordt voortdurend aangehaald in het proces van de heiligverklaring van Aquinas. (Wikipedia)

François de Sales en Jeanne de Chantal

Met Pinksteren 1607, drie jaar na zijn eerste ontmoeting met Jeanne de Chantal, openbaarde François de Sales aan haar een intuïtie die hij had ontvangen - die van het stichten van een orde door haar en met haar. Voor Jeanne was dit eindelijk het antwoord op haar grote roeping - maar ook aanleiding voor echte angst (ze had vier kinderen, nog jong, en veel familieverplichtingen - hoe kon ze hen in de steek laten?).

Het zou nog drie jaar duren voordat de orde de 'Visitatie' werkelijkheid werd en in die tijd zou barones de Chantal zich voorbereiden op de zorg voor en de toekomst van haar kinderen.

Jeanne de Chantal
Op 4 april 1610 werd ze plechtig verwelkomd in Annecy door de bisschop van Genève: dit was het begin van het stichten van de Orde van de Visitatie - het begin van de vruchtbare samenwerking van Jeanne en François, die zou bestaan uit moeilijke beproevingen, prachtige interventies door de Voorzienigheid, het geven van zichzelf tot op het punt van uitputting, en bovenal hun totale toewijding om elkaar te dienen - in het besef dat hun missies vanaf nu nauw verenigd waren in het hart van God.

Beproevingen
De vriendschap tussen François en Jeanne was buiten-

gewoon. Deze stelde ieder van hen in staat om heiligen te worden, maar gaf ook geboorte aan ontelbare spirituele zonen en dochters, aan vriendschappen zoals die van henzelf - kortom, aan ware kameraadschap. En toch is die doorspekt met grote beproevingen die ze hebben weten te doorstaan, waarbij ze altijd, dankzij hun steun aan elkaar, kansen zagen om de Heer te ontmoeten. Hun geheim: een totale openheid van hart, een bijna belijdende houding tegenover elkaar, die hen de zekerheid en de vreugde gaf om alleen het werk van een Ander te doen.

Naast familiale beproevingen waren er talrijke belasteringen en moeilijkheden om zich te vestigen naarmate de Orde van de Visitatie groeide.

De laatste beproeving was de fysieke afstand die hen nu scheidde (ze waren vaak op reis, ieder aan de eigen kant) en de zeldzaamheid van hun ontmoetingen. Toen Moeder de Chantal de bisschop van Genève een paar dagen voor zijn dood in december 1622 voor het laatst ontmoette, hadden ze elkaar al meer dan drie jaar niet meer ontmoet. Deze afstand belemmerde hun vriendschap echter nooit, integendeel, deze werd erdoor versterkt en hielp ieder van hen om te volharden in de eigen missie - terwijl ze kracht putten uit hun gehechtheid aan de ander.

François zou Jeanne altijd dienen als stichteres en moederoverste, nooit bewerend zelf de stichter van de Visitatie te zijn, en Jeanne overleefde haar geliefde geestelijke vader vele jaren en bestendigde in haar persoon zijn geest en manier van geestelijke leiding - zoals blijkt uit haar vele brieven aan haar Visitatiedochters, die vaak lijken op de brieven die François aan Jeanne schreef - vol zachtheid, aandacht voor de persoon en levendigheid, zelfs in de moeilijkste onderwerpen.

In navolging van François had Jeanne ook een politieke en culturele invloed in Frankrijk. Ze werd uitgenodigd in vele kringen en zelfs, kort voor haar dood, door de koningin van Frankrijk om de kleine Dauphin - de toekomstige koning Lodewijk XIV - te zegenen.

(Gedeeltelijk citaat van tekst op terre de compassion.com)

De drie musketiers en de vierde

Alexandre Dumas schreef een roman waarin de vriendschap heldhaftig naar voren komt.

Vriendschap is het eerste thema dat in het boek optreedt. Het slaat aan de ene kant op de vriendschap tussen de drie musketiers, en aan de andere kant op de vriendschap tussen de drie musketiers en d'Artagnan. Hoewel de heren elkaar onderling flink plagen en hard terecht kunnen wijzen, komen ze wel onvoorwaardelijk voor elkaar op als één van hen weer eens in een gevecht verzeild is geraakt.

Het is uiteraard een geromantiseerde vriendschap, maar wel een voorbeeld voor broederlijke vriendschap tot het uiterste.

D'Artagnan gaat op jonge leeftijd naar Parijs, in de hoop net als zijn vader ook een musketier te worden en zijn fortuin te maken. Hij is jong, onbezonnen, een waaghals, intelligent, dapper, vasthoudend, nobel en smoorverliefd op de echtgenote van zijn huisbaas: Mme. Constance Bonacieux, één van de hofdames van Anne d'Autriche, de koningin van Frankrijk.
Hij is in elk geval een historische persoonlijkheid, hij is bij de belegering van Maastricht omgekomen en heeft in die stad zijn sporen achtergelaten.

Aramis is een jonge geestelijke die in verband met een ruzie met een man die hem ervan betichte een amoureuze band te hebben met een dame uit de buurt zich in een duel wilde kunnen verdedigen. Om dat te kunnen doen is hij tijdelijk uit de kerk gestapt (want monniken mogen niet duelleren).

Door onbekende omstandigheden is hij bij de musketiers terechtgekomen, maar stelt dat dit tijdelijk is en dat hij uiteindelijk terug naar de kerk wil.

Porthos is een luidruchtige, ijdele, trotste en zelfbewuste, maar tegelijk dappere en vechtlustige man. Over zijn persoon komen we niet veel te weten, alleen dat hij zeer gehecht is aan Athos, Aramis en d'Artagnan.

Athos, die in het echt de Comte de La Fère heet is de stilste van de vrienden. Hij heeft zijn bediende Grimoud zelfs verboden te praten, en de twee communiceren met simpele gebaren. Hij is de oudste en belangrijkste van de drie musketiers, en is een soort vaderfiguur voor d'Artagnan. Van de drie vrienden blijft hij het langste onder leiding van d'Artagnan bij de musketiers dienen (Wikipedia).

Goethe en Schiller

Er was eens een tijd, waarin de mens nog leefde te midden van heuvels en dalen, begroeid met bomen en bloemenpracht. Toen heette intersubjectiviteit nog 'vriendschap' en die ontstond lang niet altijd op basis van rationele overeenstemming, maar bloeide op uit schrille tegenstellingen.

Men beleefde lust aan het overbruggen van tegenstellingen, die onoverbrugbaar schenen.

Zo leefde een tweetal mannen, die niet te verzoenen

schenen. De ene heette Goethe, de andere Schiller. Schiller schrijft over Goethe:

'Hij was gisteren bij ons, en het gesprek kwam al spoedig op Kant. Interessant is het hoe hij alles op zijn eigen wijze en manier inkleedt en verrassend teruggeeft wat hij las. Maar ik zou toch niet over dingen die mij zeer nabij interesseren met hem willen vechten. Hij heeft helemaal niet die heerlijke wijze zich tot iets te bekennen. Voor hem is de hele filosofie subjectivistisch en daar houdt dan overtuiging en strijd meteen op. Ik mag zijn filosofie ook niet helemaal: zij haalt te veel uit de zintuigelijke wereld, waar ik uit de ziel haal. Zijn manier van voorstellen is helemaal te zinnelijk en betast me te veel. Maar zijn geest werkt en onderzoekt naar alle kanten en streeft ernaar om zich een geheel te bouwen, en dat maakt hem voor mij tot een grote man.' (1789)

Goethe schrijft over Schiller in 1817, terugblikkend op 1794:

'Aan een eenwording viel niet te denken.... ja, mijn redenen die ik had tegen welke vereniging dan ook waren moeilijk te weerleggen. Niemand kon ontkennen dat tussen twee geestelijke tegenpolen meer dan een aardediameter lag, daar zij dan van beide kanten als tegenpolen mogen gelden, maar juist daarom niet kunnen samenvallen.'

Dat echter toch een betrekking tussen hen plaatsvindt, komt uit het volgende naar voren...

'De plotseling zich ontwikkelende relatie tot Schiller, die ik kan rekenen tot het hoogste wat het geluk me in latere jaren bereidde, overtrof al mijn wensen en gevoelens van hoop.'

Ze komen elkaar ongewild tegen tijdens een bijeenkomst van een vereniging van natuuronderzoekers. 'Toevallig' gaan ze samen de deur uit en maken een praatje. Schiller zegt dat hij vindt dat de manier waarop hier de natuur wordt besproken niets aangenaams heeft voor de leek.

Goethe stemt daarmee in en zegt dat het zelfs voor de ingewijde nog onaangenaam is en dat er ook een andere manier is om de natuur te onderzoeken.

Twijfelend spreekt Schiller zijn interesse hiervoor uit, ze lopen samen naar Schillers huis en Goethe gaat mee naar binnen. Daar vertelt hij enthousiast over zijn metamorfose-idee van de planten zoals hij die uit de aanschouwing gewonnen heeft en tekent de oerplant. Schiller is buitengewoon aandachtig en vol begrip, maar wijst de idee van de oerplant toch van de hand.

In Goethes woorden:

'Toen ik echter uitgesproken was schudde hij zijn hoofd en zei: Dat is geen ervaring, dat is een idee. Ik stribbelde tegen, enigszins verdrietig: want het punt dat ons scheidde was daarmee op de strengste wijze aangeduid ... de oude ergernis wilde zich roeren, ik beheerste me echter en bracht ertegen in: Dat kan me zeer lief zijn, dat ik ideeën heb zonder het te weten en ze zelfs met mijn ogen zie.'

Schiller zei:

'Hoe kan ooit ervaring worden gegeven die aangepast zou moeten zijn aan een idee? Want juist het specifieke van een idee bestaat toch daarin dat met haar nooit een ervaring congruent kan zijn.'

Goethe beschrijft verder:

'En zo bezegelden we een verbond, door de grootste, misschien nooit te beslechten strijd tussen object en subject, dat ononderbroken heeft voortgeduurd en voor ons en anderen menig goeds heeft bewerkt.'

Aan de basis van de legendarische vriendschap tussen beide mannen - die een uitvoerige communicatie in brieven en ontmoetingen teweegbracht, ligt geenszins consensus. Géén overeenstemming tussen de polaire opvattingen (die zó ver uiteen liggen, dat de 'aarde-diameter nog te klein is'), geen consensus over propositionele waarheid of normatieve juistheid. Wel een diepe erkenning van de waarachtigheid en authenticiteit van de ander, maar niet op rationele gronden. De overeenstemming sproot op juist uit de tegenstelling die niet werd opgegeven - ze is immers symptoom voor de eigen kracht én de eigen zwakte, waardoor de één de ander kon leren, maar tevens de één van de ander kon ontvangen. Rationele overeenstemming is slechts mogelijk tussen mensen die toch al op elkaar lijken: de overeenstemming is geen wonder, wekt geen verwondering. Juist als de overeenstemming niet tot stand komt uit consensus, maar uit verwondering over de grootsheid en 'andersheid' van de ander, is echte vernieuwing mogelijk - zowel in het persoonlijke als ook in wetenschap, kunst en sociaal leven.

(Uit: Mieke Mosmuller, *Ethisch individualisme en communicatief handelen. Kritiek op Habermas' theorie*, 1998)

Garibaldi's vriendschap met zijn vrouw

Giuseppe Garibaldi was een Italiaanse generaal en vrijheidsstrijder die een belangrijke rol speelde bij de eenwording van Italië in de 19e eeuw. Zijn bijdrage aan de Risorgimentobeweging hielp verschillende Italiaanse staten te verenigen en leidde tot de vorming van het moderne Italië. Garibaldi stond bekend om zijn militaire vaardigheden en zijn deelname aan verschillende veldslagen gedurende die tijd (Wikipedia).

'Hij leerde de vrouwelijke persoonlijkheid, met wie hij vervolgens jarenlang het geluk van zijn leven opbouwde, op een heel eigenaardige manier kennen, namelijk van ver op zee, waar hij zich op het schip bevond, via een verrekijker aan land. Dit is niet een heel gebruikelijke manier voor de meeste mensen om verliefd te worden: door een verrekijker.

Maar het lot maakte het hem dan ook bijzonder gemakkelijk om haar, die hij op het eerste gezicht - maar zoals ik al zei, op het eerste gezicht door de verrekijker - als de zijne karakteriseerde, snel te leren kennen. Want hij was natuurlijk op weg naar het land in de kustlijn die hij door de verrekijker had gezien, en daar werd hij door een man uitgenodigd voor de lunch. En zie, meteen daarna bleek - hij had de uitnodiging aangenomen - dat dit de vader was van de persoon die hij door de verrekijker had gezien. Nu kon zij alleen Portugees spreken, hij alleen Italiaans; maar de biograaf verzekert ons, en het lijkt te kloppen, dat de jongedame, hoewel ze alleen Portugees sprak, onmiddellijk zijn zeer korte liefdesverklaring begreep, die hij nu ook mondeling aflegde, en die alleen schijnt te hebben bestaan uit de woorden: "We moeten ons verenigen voor het leven", in het Italiaans. En inderdaad, het werd een levenspartnerschap voor een lange, lange tijd.

Deze persoonlijkheid nam deel aan alle zo avontuurlijke reizen die Garibaldi maakte in Zuid-Amerika, en er zijn gebeurtenissen die een verpletterende indruk maken. Een van die gebeurtenissen is bijvoorbeeld dat het gerucht de ronde deed dat Garibaldi was gesneuveld in de strijd. Nu stormde de vrouw het slagveld op en raapte elk hoofd op om te zien of het Garibaldi was. Toen, na een lange en avontuurlijke zoektocht, vond ze hem toch nog levend.

Maar wat echt schokkend is, is dat ze tijdens deze avontuurlijke tocht op zoek naar Garibaldi, die lang duurde, zonder enige hulp beviel van haar kind en dat ze het warm hield door een lint om zijn nek te binden en het lange tijd tegen haar eigen borst te houden. In deze Amerikaanse activiteit van Garibaldi zijn de meest schrijnende trekken al naar voren gekomen.'

(Rudolf Steiner, GA 236)

Ben Affleck en Matt Damon
Een vriendschap in de filmwereld

Zij zijn acteurs, scenarioschrijvers en producenten uit Cambridge, Massachusetts die tijdens hun carrière vaak hebben samengewerkt. Het duo kreeg voor het eerst erkenning in 1997 toen ze de Academy Award voor Beste Originele Scenario ontvingen voor Good Will Hunting, dat ze samen schreven en waarin ze speelden. Sindsdien hebben de twee een hechte publieke relatie onderhouden, vaak samengewerkt aan projecten en bedrijven opgezet.

Ontmoeting
Het tweetal ontmoette elkaar in hun geboorteplaats Cambridge toen Affleck 8 was en Damon 10 jaar. Tegen het einde van de jaren 80 besloten de twee een filmcarrière na te streven en openden ze een gezamenlijke bankrekening om geld te sparen voor audities, waarbij ze het geld dat ze verdienden met vroege rollen op de rekening stortten. In 1989 werkte het duo aan hun eerste project samen, Field of Dreams, waar ze als figuranten werden gecast.

Als gevolg van hun gedeelde opvoeding en frequente samenwerking heeft de vriendschap tussen Affleck en Damon veel publieke aandacht geoogst. Us Weekly noemde het 'een bromance die het vieren waard is.' Over zijn relatie met Damon zei Affleck het volgende: 'Deze vriendschap is essentieel en bepalend geweest en zo belangrijk voor mij in mijn leven. Er waren een paar kritieke momenten, die privé zijn en die ik niet wil delen, maar waar de steun van Damon zo belangrijk voor me was dat ik niet denk dat ik zonder die steun succesvol had kunnen zijn.' (Wikipedia)